Edition Maritim

Peter Jurgilewitsch · Heiner Boehncke

KREUZFAHRTEN
Nordland
mit Grönland

Edition Maritim

Inhalt

Im Magdalenefjord auf Spitzbergen

VORWORT

Bei Kreuzfahrten ins Nordland liegt der Schwerpunkt auf den Schönheiten der Natur. Das Wissen um die Einzigartigkeit der arktischen Landschaft und deren Vergänglichkeit führten zum ständigen Wachstum der Passagierzahlen. Werbeaussagen wie: »Besuchen Sie die Eisberge, solange sie noch da sind«, klingen zwar reißerisch, ihr Wahrheitsgehalt ist aber angesichts des fortschreitenden Klimawandels gestiegen.

Das Vorurteil, der Norden sei grau, kalt und abweisend, ist allenfalls manchmal in den Wintermonaten berechtigt, wenn die Polarnacht weite Teile des Nordmeers in diffuses Licht oder völlige Dunkelheit taucht. In den Sommermonaten erwarten den Reisenden klare Luft, intensive Farben, helle Nächte und die Mitternachtssonne. In den Wochen, in denen auch im Polarmeer angenehme Temperaturen vorherrschen, entfalten sich eine üppige Flora und Fauna, drängt es die Menschen nach draußen, werden die Straßen der Städte zur Freiluftbühne. Dann werden Regionen unserer Erde für Schiffe zugänglich, die ansonsten nur mit einem Eisbrecher zu erreichen sind.

Das nutzen nahezu alle Reedereien für ausgedehnte Kreuzfahrtprogramme. Die Ziele im Nordland sind stärker frequentiert als mancher Karibikhafen. Ein Klassiker der Kreuzfahrt über Island, Jan Mayen nach Spitzbergen und entlang der norwegischen Küste zurück nach Hamburg oder Kiel ist besonders beliebt. In 15–17 Tagen ist das ewige Eis der Arktis auf bequeme Weise zu erreichen.

Ähnlich verhält es sich mit den Reisen nach Grönland. Hier werden Häfen der Färöer Inseln und Islands angelaufen sowie die der Westküste Grönlands – der größten Insel der Welt. Spektakuläre Eisbergfahrten sind möglich.

Die Kombination aus einmaliger Natur, einigen wenigen größeren Städten, Landschaftsfahrten und dem Schauspiel der Mitternachtssonne werden auch künftig für ein ungebrochenes Interesse an den Zielen im Nordmeer sorgen und dieses Buch zu einem unverzichtbaren Reisebegleiter machen.

DIE KREUZFAHRT

Reiseablauf

Nordlandrouten gehören zu den klassischen und ältesten Kreuzfahrten. Schon zu Beginn des 20. Jh. waren sie populär. Sie gestatten es, durch ausgedehnte Panorama-, Fjord- und Gletscherfahrten viel mehr von den Reiseländern kennenzulernen, als dies gemeinhin für möglich gehalten wird. Dies gilt insbesondere für Norwegen-, Spitzbergen- und Grönlandreisen.

Wer eine wohlüberlegte Zusammenstellung der an Bord angebotenen Ausflugstouren mit eigenen Unternehmungen kombiniert, dem erschließen sich auch Orte, die weit im Landesinneren liegen. Ein Ziel dieses Kreuzfahrtführers ist es, dem Leser die optimale Nutzung seiner Liegezeit im Hafen zu ermöglichen.

Reiserouten

Nordlandreisen haben eines gemeinsam: Mit Ausnahme der wenigen Städte entlang der Routen dreht sich alles um die Natur, die Landschaften sowie die Flora und Fauna. Das Ziel jedes Nordlandreisenden ist es, einmal das Eis der Arktis zu erleben oder sogar bis zur Eisgrenze nördlich von Spitzbergen oder in Grönland zu gelangen.

Historische Sehenswürdigkeiten in den nordischen Metropolen, wie Stabkirchen, Torfhäuser und interessante Museen, sind willkommene Unterbrechungen des überwältigenden Naturschauspiels, das sich dem Reisenden bietet. Hierzu gehören vor allem die Nächte in der Mitternachtssonne oder die Beobachtung von Walen.

Themenbezogene Reisen wie Garten- und Golfreisen sind wegen der selbst im Sommer oft unbeständigen Witterung seltener. Zunehmend werden aber Wander- und Reiterreisen in Norwegen und Island ausgeschrieben.

Besonders reizvoll sind Grönlandreisen. Sie bieten mehr Seetage und in der Reisemitte 4–7 Tage kurze, aber

Sonne um Mitternacht vor der Südküste Islands

Die Djupvasshytta nahe Geiranger

Ansteuerung, Einlaufen, Hafenaufenthalt

intensive Landaufenthalte in den Dörfern Westgrönlands oder ausgedehnte Panoramafahrten zu den Eisbergen der Diskobucht.

Routenvorschläge finden Sie in den Tabellen unten und auf den folgenden Seiten.

Vor der Ansteuerung eines Hafens nimmt der wachhabende Offizier über Funk Kontakt mit dem Lotsen auf, der während des Einlaufens assistiert. Die Brücke informiert die Gäste darüber, dass der Lotse in Sicht ist. Wenn der anzusteuernde Hafen nicht an der Küste liegt, steht eine Revierfahrt an: So nennt man die Fahrt auf Flüssen in sich verengenden Meeresbuchten oder Kanalpassagen. Hier ist die Anwesenheit eines Lotsen obligatorisch.

Anders als im Flugzeug hat man als Schiffsreisender die Gelegenheit, die Küsten oder Städte aus der Nähe oder aus anderen Perspektiven zu erleben. Immer kommen die örtlichen Behörden an Bord, um die Schiffspapiere zu prüfen und Stichproben bei Pässen und erforderlichen Reisedokumenten zu machen. Dafür ist die Zahlmeisterei an Bord verantwortlich.

Fjordland Norwegen	
1. Tag	Kiel
2. Tag	Tag auf See
3. Tag	Stavanger/Norwegen
4. Tag	Haugesund/Norwegen
5. Tag	Bergen/Norwegen
6. Tag	Olden/Norwegen
7. Tag	Ålesund/Norwegen
8. Tag	Tag auf See
9. Tag	Kiel

Vor dem Schiff sammeln sich die Reisebusse für die Ausflugstouren, und Shuttlebusse werden bereitgestellt für alle, die individuell an Land gehen möchten. Kleinere Schiffe haben den Vorteil, dass sie direkt in den Innenstädten anlegen können, sodass die Sehenswürdigkeiten zu Fuß zu erreichen sind.

Es ist empfehlenswert, sich vorab mit dem Schiff zu beschäftigen, das Sie zu wählen gedenken. Dabei sind die Zusammenstellung der Routen und die Anzahl der Tenderhäfen (also der Häfen, bei denen Sie nur mit Shuttlebooten an Land gelangen) wichtig, denn bei Letzteren besteht die Gefahr, dass der Hafen wegen schlechter Wetterverhältnisse nicht angelaufen werden kann.

Ist das Schiff zum Landgang freigegeben, erfolgt eine Durchsage über die Bordlautsprecher, und ein weiteres Stück Urlaub kann beginnen.

In nahezu allen Häfen des Nordlandes lohnt es sich – auf Grund der herrlichen Landschaften und Fjordfahrten – die letzte Stunde vor dem Erreichen oder nach dem Verlassen eines Hafens an Deck zu sein.

Organisierte Ausflüge

Eine ausgewogene Auswahl von Halb- und Ganztagesausflügen, die aus der knapp bemessenen Liegezeit das Optimum herausholt, ist unverzichtbar. Das oftmals schroffe Landschaftsbild des Nordens, die starken Anstiege und nicht zuletzt das arktische Klima mit schnell wechselnden Wettersituationen lassen in Norwegen nur ausgewählte Wanderungen zu. Radtouren empfehlen sich entlang der Fjordufer und in der Nähe der Städte. Das Risiko, bei einem

Aktivausflug durch unvorhersehbare Ereignisse die Abfahrt des Schiffes zu verpassen, ist hoch.

Grönland und Spitzbergen sollten Sie nicht auf eigene Faust erkunden – die Gefahr, auf Eisbären zu treffen, ist in den Polargebieten einfach zu groß. Auf beiden Inseln sind daher das unbewaffnete Verlassen der Städte und Häfen und damit individuelle Unternehmungen verboten oder nur im Schutz von professionellen Eisbärenwächtern möglich.

Norwegen bis Nordkap	
1. Tag	Hamburg
2. Tag	Tag auf See
3. Tag	Überquerung des Polarkreises
4. Tag	Svolvær oder Gravdal/ Lofoten (Norwegen)
5. Tag	Stokmarknes/ Norwegen
6. Tag	Honningsvåg (Nordkap)/Norwegen
7. Tag	Tromsø – Stamsund/ Norwegen
8. Tag	Svartisen-Gletscher/ Norwegen
9. Tag	Trondheim/Norwegen
10. Tag	Sunnylvsfjord/ Norwegen
11. Tag	Geirangerfjord/ Norwegen
12. Tag	Bergen/Norwegen
13. Tag	Arendal/Norwegen
14. Tag	Oslo/Norwegen
15. Tag	Kopenhagen/Dänemark
16. Tag	Hamburg/Deutschland

Rosenkrantzturm in Bergen

Kürzel für pauschale Ausflugstouren der Kreuzfahrtreedereien

HAT	Halbtagesausflug	PF	Panoramafahrt
GT	Ganztagesausflug	V	Vormittagsausflug
MT	Mehrtagesausflug	N	Nachmittagsausflug
WT	Wandertour	A	Abendausflug
AT	Aktivausflug	N	Nachtausflug

Blick auf die Schneelandschaft des Dalsnibba bei Geiranger

Halbtagesausflug

Stadtrundfahrten dauern 4–5 Std. Ein Vorteil dieser überschaubaren Touren ist die Möglichkeit, noch eigene Aktivitäten zu planen oder Ausflugstouren miteinander zu kombinieren. Der Nachteil liegt in den sehr gestrafften Besichtigungszeiten an bedeutenden Sehenswürdigkeiten.

Ganztagesausflug

Ganztagesausflüge können sich bis zu 100 km vom Liegehafen entfernen. Auch der Besuch großer Inseln oder Stadtrundfahrten in Weltstädten sind ganztägig angelegt. Die Ausflüge dauern zwischen 7–10 Std. Ein Nachteil ist die lange Pausenzeit am Mittag. Es wird versucht, den Zeitverlust durch Lunchpakete auszugleichen. Neuerdings werden Ausflüge in zwei Varianten zu unterschiedlichen Preisen ausgeschrieben: einmal mit und einmal ohne Mittagessen, aber dafür mit entsprechend verlängerter Freizeit.

Spitzbergen und Island	
1. Tag	Hamburg/Deutschland
2. Tag	Tag auf See
3. Tag	Tag auf See
4. Tag	Heimaey/Westmänner-inseln
5. Tag	Reykjavík/Island
6. Tag	Grundarfjörður/Island
7. Tag	Akureyri/Island
8. Tag	Insel Jan Mayen/Norwegen
9. Tag	Tag auf See
10. Tag	Spitzbergen/Norwegen

Mehrtagesausflug

Dabei handelt es sich um eine Minireise im Rahmen der Kreuzfahrt. Sie bietet ein umfassendes Sightseeing-Programm, macht die Nutzung des Abends im Land möglich und erlaubt es, wenig erschlossene

Im Sommer erstrahlt die nordische Landschaft in prachtvollen Farben.

Spitzbergen und Island (Forts.)	
11. Tag	Spitzbergen/Norwegen
12. Tag	Honningsvåg (Nordkap)/ Norwegen
13. Tag	Tromsø/Norwegen
14. Tag	Leknes/Lofoten
15. Tag	Rørvik/Norwegen
16. Tag	Ålesund/Norwegen
17. Tag	Geiranger/Geiranger- fjord
18. Tag	Stavanger/Norwegen
19. Tag	Tag auf See
20. Tag	Hamburg/Deutschland

Gebiete kennenzulernen. Eine oder mehrere Hotelübernachtungen sind ebenso inklusive wie Vollpension.

Wandertouren

Wandern wird immer beliebter, deshalb bieten die Reedereien Wanderausflüge mit verschiedenen Schwierigkeitsgraden an.

Aktivausflug

Der Werbeslogan »Aktiv sein im Urlaub« ist auch an den Kreuzfahrtunternehmen nicht vorübergegangen. Die sonst übliche Vielfalt des Angebots ist im Nordland aufgrund der speziellen Gegebenheiten allerdings eher überschaubar.

Panoramafahrt

Für Gäste mit körperlichen Einschränkungen werden diese Touren angeboten. Meist sind es Stadtrundfahrten mit ein bis zwei kurzen Fotostopps ohne Besichtigungen. Die Ausflüge dauern 2–3 Std. und lohnen besonders, wenn es sich um Landschaftsfahrten handelt.

Shuttlebus-Service

Große Kreuzfahrtschiffe liegen oft auf Reede oder im Außenhafen. Um Zeit zu sparen, werden Shuttlebusse eingesetzt, die allen individuell

Island und Grönland	
1. Tag	Bremerhaven/Deutschland
2. Tag	Erholung auf See
3. Tag	Erholung auf See
4. Tag	Seyðisfjörður/Island
5. Tag	Akureyri, Eyjafjord/Island
6. Tag	Erholung auf See
7. Tag	Ammassalik/Grönland, Kreuzen im Skjoldungen-Fjord
8. Tag	Passage Prins Christian Sund
9. Tag	Erholung auf See
10. Tag	Kreuzen im Søndre Strømfjord
11. Tag	Kangerlussuaq (Søndre Strømfjord)/Grönland
12. Tag	Sisimiut (Holsteinsborg)/ Grönland, Überquerung des Polarkreises
13. Tag	Kreuzen in der Disko-Bucht

Island und Grönland (Forts.)	
13. Tag	Ilulissat (Jakobshavn)/ Grönland
14. Tag	Erholung auf See
15. Tag	Erholung auf See
16. Tag	Qaanaaq (Thule)/ Grönland, Passage
17. Tag	Kreuzen in der Baffin Bay
18. Tag	Qeqertarsuaq (God-havn)/Grönland
19. Tag	Nuuk/Grönland
20. Tag	Qaqortoq (Julianehåb)/ Grönland
21. Tag	Kap Farvel (Cape Fare-well)
22. Tag	Erholung auf See
23. Tag	Reykjavík/Island
24. Tag	Erholung auf See
25. Tag	Erholung auf See
26. Tag	Bremerhaven/ Deutschland

an Land gehenden Passagieren zur Verfügung stehen. Dieser Service wird vom Hafen gestellt, oder das Schiff bestellt sie über die Reiseagentur.

Individuelle Landgänge

Eine Kreuzfahrt bietet neben den organisierten Ausflügen auch Zeit für eigene Unternehmungen. Die Reiseregion Nordland ist touristisch zwar gut erschlossen, die Möglichkeiten, sich allein an Land fortzubewegen, sind aber begrenzt. Die Entfernungen sind oft groß, die Regionen nördlich des Polarkreises sehr einsam und Hilfe im Notfall meist weit entfernt. Weitere Strecken lassen sich nur mit einem Wagen zurücklegen, wobei Mietwagen und Taxis sehr teuer und die Benzinpreise hoch sind.

Wer individuelle Landgänge, Wander- und Radtouren unternehmen möchte, dem ist eine gute Vorausplanung anzuraten. Dabei kann dieses Buch eine wertvolle Hilfe sein. Die wichtigsten Internetadressen zu den Reisezielen des Nordlands finden Sie im Anhang des Buches. Bei einigen Tourismusbüros sind Rad- und Wanderkarten vorab als PDF-Dateien herunterladbar, oder

Der grönländische Inlandeisschild

sie sind vor Ort in den Büros erhältlich. Mietwagen sollten immer vorbestellt werden, das spart kostbare Zeit. Besonders wichtig ist es, genug Zeit für die Rückfahrt zum Schiff mit mindestens einer Stunde Puffer für unvorhergesehene Ereignisse einzuplanen. Der Gast trägt selbst die Verantwortung dafür, rechtzeitig wieder zurück an Bord zu sein.

Küste der Insel Helgoland mit der »Langen Anna«

Tipps zu besonderen Sehenswürdigkeiten beim Einlaufen in die deutschen Häfen finden Sie in der Tabelle auf Seite 138.

REISEZIELE

DEUTSCHLAND

Helgoland

Helgoland liegt 70 km von der Elbmündung entfernt. Schiffe ankern vor der Küste, und es wird getendert. Helgoland war im 18. Jh. dänisch. 1807 wurde es britisch und kam 1890 zu Deutschland. Gute Verbindungen zum Festland sorgten dafür, dass früh Gäste nach Helgoland kamen. Die vielfältige Flora und Fauna und die Möglichkeit zum zoll- und steuerfreien Einkauf bringen zahlreiche Tagestouristen auf die Insel.

Nahe der Tenderstation steht das Denkmal für August Heinrich Hoffmann von Fallersleben, der am 26. August 1841 auf der Insel das Deutschlandlied schrieb. Der Rundgang ist eine Wanderung auf dem Klippenrandweg des Oberlandes in 61 m Höhe. Vorbei an den buntbemalten Hummerbuden, die einst der Arbeitsplatz der Fischer waren, geht es zur Treppe mit 184 Stufen und herrlichen Ausblicken auf die Insellandschaft. Der Richtfunkturm des Senders Helgoland steht seit dem Jahr 2000 auf der Insel.

Organisierte Ausflüge

Ausflug	Dauer
Inselrundgang	4,5 Std.
Dünenführung	2 Std.
Fahrt mit dem Börteboot	1 Std.

Es folgt rechts der Leuchtturm Helgoland (1952). Er ist 35 m hoch und entstand, nachdem der Vorgängerbau im Zweiten Weltkrieg zerstört wurde.

Die Attraktion auf Helgoland ist der Lummenfelsen. Aus nächster Nähe lassen sich Trottellummen, Tordalke, Dreizehenmöwen, Eissturmvögel und Basstölpel mit ihren gelb gefärbten Köpfen, blauen Füßen und

Balzende Basstölpel auf der Insel Helgoland

Die Unterstadt und der Hafen von Helgoland

Augen beobachten. Ein Wahrzeichen Deutschlands ist die »Lange Anna«, ein 47 m hoher Buntsandsteinfelsen. Das Material ist von starker Erosion gekennzeichnet, und es ist unklar, wie lange der Felsen noch den Kräften der Natur widerstehen kann. Der Weg zurück führt durch den Ort mit der Nicolaikirche (1959) und einigen Straßenzügen mit maritimem Flair.

TIPP

Touren mit den traditionellen Börtebooten, die seit 1926 auf Helgoland in Betrieb sind, gestatten es, die Insel aus einer ganz besonderen Perspektive zu erleben.

Seit der Sturmflut von 1720 ist die heutige Düne von der Hauptinsel abgetrennt und ein Ausflugsziel. Mit der Fähre ist sie in 7 Min. erreichbar und bietet Strände, Kegelrobben und Seehunde. Ein Leuchtturm und einige Versteinerungen sind weitere Sehenswürdigkeiten.

Helgoland ist in Unter- Mittel- und Oberland unterteilt. Für gehbehinderte Gäste lohnt eine Fahrt mit der Inselbahn durch das Unterland. Die wichtigsten Gebäude und die Rolle Helgolands im Zweiten Weltkrieg werden während der Fahrt erläutert.

Helgoland individuell

Die Insel kann zu Fuß leicht erkundet werden, denn sie ist gut ausgeschildert. Im Zweiten Weltkrieg entstand auf Helgoland ein Bunkersystem, für dessen 400 m lange Gänge Führungen von ortskundigen Führern angeboten werden. Weitere Sehenswürdigkeiten sind das James-Krüss-Museum mit Exponaten zu Leben und Werk des Schriftstellers und das Aquarium am Nordosthafen.

Sylt

Die viertgrößte Insel Deutschlands bietet auf 28 km Länge und einer Breite von 230 m bis 12,6 km viele Freizeitmöglichkeiten. Zu den Schönheiten gehören lange Sandstrände, Dünen, eine Fülle von Pflanzen und Tierarten sowie die Kurorte Westerland, Kampen und Wenningstedt. Die Insel ist Treffpunkt der High Society und besitzt eine gute Infrastruktur.

Häfen

List und Hörnum sind Tenderhäfen. Das oft windige und mitunter recht unbeständige Wetter führt dazu, dass immer wieder geplante Aufenthalte abgesagt werden müssen.

List

1292 wird List urkundlich erwähnt und hat eine bewegte Geschichte. Sie wurde von Naturkatastrophen wie Sturmfluten bestimmt, die das Leben der heute rund 1500 Einwohner beeinflussten. Seitdem um 1900 das Kuren auf Sylt zur Mode wurde, rückte List ins Rampenlicht. Es profitiert von dem fast 40 km langen Sandstrand, der westlich beginnt und zum Baden, Sonnen und Wandern einlädt. Sehenswert ist die alte Garnisonskirche, die

vor 800 Jahren erbaut und von 1999 bis 2002 restauriert wurde.

Das deutsche Wattenmeer gehört zum Weltnaturerbe der UNESCO. So kommen zahlreiche Besucher in das Erlebniszentrum Naturgewalten Sylt, um sich über das Meer mit seiner Schönheit, aber auch seiner zerstörerischen Kraft zu informieren. Die Ausstellung informiert über weitere Themen rund um die Natur. Ergänzend können sich Besucher einer der Ausflugsfahrten zu den Seehundbänken vor der Küste anschließen.

Organisierte Ausflüge

Ausflug	Dauer
Klassische Inselrundfahrt	6 Std.
Keitum und Wattwanderung	3,5 Std.
Keitum und Kampen	4,5 Std.
Spaziergang durch Keitum	4,5 Std.
Panoramafahrt mit Westerland, Rantum und Hörnum	4 Std.

Während des Spaziergangs durch List sind Reetdach Häuser und das Sylter Heimatmuseum zu sehen. Letzteres zeigt historische Möbel und Trachten. Eine Variante der Rundfahrt führt nach Kampen. Der Ort lebte früher von der Landwirtschaft, heute ist er Treffpunkt des internationalen Jetsets. Kampen ist von Dünen umgeben. Die Uwe-Düne ist mit 52,5 m die höchste Erhebung der Insel. Das Rote Kliff ist 30 m hoch, beginnt in Wenningstedt und endet am reetgedeckten »Haus Kliffende«,

Sandstrand auf der Insel Sylt

das 1923 entstand und schon zahlreiche illustre Gäste begrüßen konnte. Kampen bietet mehrere Dolmen und ein Ganggrab, das auf die Zeit von 3500 bis 2800 v. Chr. datiert wird. Die Dolmen wurden 1939 von Karl Kersten ausgegraben. Der Kampener Leuchtturm (1853) ist weiß mit schwarzem Mittelband und 40 m hoch. Auch zahlreiche Künstlerateliers im Ort sind interessant.

Eine Panoramafahrt passiert neun der zwölf Sylter Ortschaften. Es geht über Kampen, Wenningstedt in die Inselmitte, dann nach Westerland, Rantum und Hörnum. Nach einem Fotostopp an der Südspitze folgen Tinnum, Keitum und Morsum.

Typisch für Keitum sind die alten Kapitänshäuser mit liebevoll gestalteten Gärten. Sehenswert ist das Inselfriesenhaus (1739). Damals befanden sich der Wohnraum und die Stallungen unter einem Dach, und das Innere war mit Holz verziert. Eine Weberei zeigt, wie die Wolle der Sylter Schafe verarbeitet wird.

Sylt individuell

Sylt kann leicht auf eigene Faust erkundet werden. Wer einen Wagen leihen möchte, findet genügend Anbieter, allerdings ist die Insel im Sommer meist überfüllt. Eine Vorabreservierung ist unerlässlich. Außerdem ist das Parkplatzproblem auf der Insel allgegenwärtig.

Sylt für Radfahrer und Wanderer

Sylt mit dem Fahrrad oder zu Fuß zu erkunden ist lohnend und effektiv. Mehrere Fahrradverleiher stehen zur Auswahl, und schon nach kurzer Zeit kann der Kreuzfahrtpassagier auf dem Weg zu den Sehenswürdigkeiten sein.

Überall sind Wegweiser für Radfahrer und Wanderer angebracht und die wichtigsten Ziele schnell erreicht. Sylt ist mit seinem langen Strand an der Westküste ein ideales Revier zum Wandern. Auch eine kurze Fahrt in einem Linienbus ist möglich und eröffnet eine Vielzahl attraktiver Routen auf der ganzen Insel.

Möwe über der Insel Sylt

Haus in der Innenstadt von Aalborg

Tipps zu besonderen Sehenswürdigkeiten beim Einlaufen in die dänischen Häfen finden Sie in der Tabelle auf Seite 138.

DÄNEMARK

LESETIPP

»Man muss den langsamen Menschen alle Zeit der Welt lassen«. Dieses Zitat stammt aus einem der berühmtesten dänischen Bücher, aus *Fräulein Smillas Gespür für Schnee* von Peter Høeg. Es ist wie gemacht für Kreuzfahrer, die sich nicht ohne Grund für ein langsames Transportmittel entschieden haben: langsam und intensiv. Die Taschenbuchausgabe erschien 2004 bei rororo.

Aalborg

Die Stadt liegt 35 km landeinwärts am Limfjord und hat etwa 207 800 Einwohner. Aalborg existierte bereits um 1040 und hieß Alabu. 1342 erhielt es Stadtrechte, was in der Folge zu raschem Wachstum führte. Der Heringshandel brachte Wohlstand in die Stadt, die ab 1544 auch Sitz des Bistums wurde und noch viele historische Bauwerke besitzt.

Hafen

Die Pier befindet sich am Flussufer gegenüber von Schloss Aalborghus. Der Weg in die Altstadt ist kaum länger als 300 m. Taxis sind ebenso wie die Tourist-Information in Hafennähe.

Organisierte Ausflüge

Ausflug	Dauer
Stadtspaziergang durch Aalborg	3 Std.
Schlössertour nach Voergaard und Dronninglund	4 Std.
Aalborg und Lindholm-Höhe	3 Std.

Das erste Ziel des Stadtrundgangs ist das ehemalige Heilig-Geist-Kloster (1431). Es wurde als Hospital genutzt und ist die älteste Einrichtung dieser Art im ganzen Land. Während des Zweiten Weltkriegs formierte sich hier der Widerstand. Sehenswert ist der Drachenbrunnen. Im Inneren sind Treppengiebel und Fresken aus der Zeit um 1500 zu sehen.

Fassadenschmuck an Jens Bangs Stenhus in Aalborg

Schloss Aalborghus in Aalborg

Das Jens Bangs Stenhus (1624) in der Østerågade ist ein Meisterwerk der Renaissance. Die Schwan-Apotheke im Inneren ist die älteste in Dänemark und dokumentiert die Entwicklung des Gesundheitswesens. Auf dem Seitengiebel ist Jens Bang mit herausgestreckter Zunge in Richtung Rathaus zu sehen. Da man dem Bauherren die Aufnahme in den Stadtrat verweigerte, ließ er die Ratsmitglieder als Trolle und sich selbst in dieser despektierlichen Weise darstellen.

Die Jomfru Ane Gade ist eine schöne Altstadtgasse mit vielen Restaurants, Cafés, Kneipen und Diskotheken. Aalborghus entstand von 1539–1555 unter König Christian III. und ist ein Meisterwerk der Fachwerkarchitektur. Die Räume dienten als Wohnhaus und Lager.

Nur 30 Min. dauert die Fahrt zum Renaissance-Schloss Voergaard (1481–1590). Hier soll die herrschsüchtige Bauherrin Ingeborg Skeels den Architekten Philipp Brandin im Schlossgraben ertränkt haben, damit er nie wieder ein Schloss wie dieses bauen konnte. In den Räumen befindet sich eine Kunstsammlung.

Schloss Dronninglund wurde im 12. Jh. ursprünglich als Benediktinerkloster konzipiert. 1690 erwarb es Königin Charlotte Amalie und ließ es als Schloss im Stil des 18. Jh. umgestalten. Besichtigt werden die Schlosskirche und einige der Innenräume.

Die Lindholm-Höhe ist mit fast 600 Gräbern (800–1000 n. Chr.) das größte Gräberfeld Dänemarks. Damals existierte unweit auch eine Siedlung, die um 1100 n. Chr. verlassen wurde.

Aalborg individuell

Ergänzend sollte der Dom St. Budolfi (15. Jh.) besichtigt werden. Das Meisterwerk der Gotik besitzt farbenprächtige Kalkmalereien sowie eine wertvolle barocke Innenausstattung. Zu empfehlen ist auch der 1933 errichtete Aalborgturm. Auf der Plattform bietet sich ein imposanter

Rundblick auf den Limfjord, die Stadt und die Hafenfront. Der Cityturm liegt an der Ecke Østerågade und Bispensgade. Dies sind die populärsten Einkaufsstraßen Aalborgs.

Aalborg für Radfahrer und Wanderer
Dänemark ist ein Paradies für Radfahrer und Wanderer. Das Land ist flach, Rad- und Wanderwege sind gut ausgebaut und bestens beschildert. Die Limfjordroute ist fast 600 km lang. Sie überquert in Aalborg den Fjord, sodass ein Einstieg in der Stadt möglich ist. Wie weit gefahren werden kann, hängt von der Liegezeit des Schiffes ab. Viele Reedereien bieten Fahrräder an Bord an. Aber auch an Land sind mehrere Radverleiher zu finden. Die Route zeichnet sich vor allem durch die abwechslungsreiche Natur aus. Flache Strecken nördlich des Limfjords oder waldbedeckte Höhenzüge auf der Südseite machen eine Radtour für jeden interessant.

Auch wer mit dem Fahrrad nur einen Abstecher hinaus aus der Stadt machen möchte, findet überall gut beschilderte Routen von unterschiedlicher Länge. Die Tourismusbüros in der Innenstadt haben Rad- und Wanderkarten sowie aktuelle Informationen im Angebot.

Für Wanderer lohnt sich ein Besuch des Wildmoors Lille Vildmose 25 km südöstlich von Aalborg mit seiner einzigartigen Landschaft und einer reichen Flora und Fauna. Regelmäßig werden geführte Wanderungen angeboten. Sie sind zu empfehlen, da die Wanderführer eine Fülle von Informationen vermitteln und der Zeitverlust sich auf ein Minimum reduziert.

Mit der öffentlichen Buslinie 56 ab Aalborg Richtung Walsall und Mou ist das Areal in weniger als 30 Minuten zu erreichen.

Århus

Århus liegt an der Küste des Kattegats. Ab Mitte des 10. Jh. war die Stadt Bischofssitz und erhielt 1441 Stadtrechte. Fischfang und Seefahrt brachten einen regen Handel, der Århus im 16. und 17. Jh. zu einer wohlhabenden Stadt machte. Kaufleute ließen prächtige Häuser errichten. Der Export landwirtschaftlicher Produkte vermehrte den Reichtum und es entstand das heutige Stadtbild.

Hafen
Das Kreuzfahrtterminal liegt nahe der Innenstadt, zu Fuß sind es kaum 10 Min. zu den Sehenswürdigkeiten. Das Terminal besitzt alle Einrichtungen. Taxis und Busse sind vor dem Hafen erreichbar.

Organisierte Ausflüge

Ausflug	Dauer
Århus zu Fuß entdecken	3 Std.
Panoramafahrt durch Aarhus	2 Std.
Schlösser und Parkanlagen der Halbinsel Jütland	4,5 Std.
Bootsfahrt durch das Seenhochland	4 Std.
Idyllisches Ebeltoft und historisches Holzschiff	4,5 Std.
Fahrt mit der Dampflok und Himmelbjerget	4 Std.
Abenteuerliche Fantasiewelt Legoland	8 Std.

Das »kleinste Rathaus der Welt« in Ebeltoft

Am großen Markt steht der Dom St. Clemens (1200–1500). Er weist romanische wie auch gotische Stilelemente auf. Sehenswert sind der Flügelaltar des Lübecker Meisters Bernt Notke (1479), die geschnitzte Kanzel des Mikkel van Groningen (16. Jh.) und die Barockorgel (1730). Das Wikingermuseum liegt am Clemens Torv. Ein Wall umgab die Wikingersiedlung, die schon vor mehr als 1000 Jahren gegründet wurde. Bei Bauarbeiten wurden die Überreste gefunden. Das Museum zeigt die Rekonstruktion des Walls, Alltagsgegenstände und ein Wikingerhaus. Im ältesten Stadtteil »Quartier Latin« gibt es Fachwerkhäuser mit bunten Fassaden, Designerwerkstätten und recht teure Geschäfte. Die gotische Liebfrauenkirche (1500) gehörte früher zum Dominikanerkloster. Bemerkenswert sind der Altar (1520) des Meister Claus Berg aus Odense, die Fresken und die Krypta (1060). Sie wurde 1955 entdeckt. Schloss Marselisborg (1899–1902) wurde nach Plänen des Architekten Hack Kampmann erbaut und ist die Sommerresidenz der königlichen Familie in Århus. In klassizistischem Stil sind Eleganz und der Charme eines Landsitzes vereint. Der Rosengarten kann besichtigt werden.

Als Alternative für Kunstinteressierte bietet sich das Kunstmuseum ARoS an. Der nahezu quadratische Bau mit einer runden Dachinstallation zeigt auf 17 700 qm Werke aus den wichtigsten Epochen der dänischen Kunstgeschichte. Wichtigstes bauliches Element ist der Treppenturm und die Lamellendecke mit indirektem Lichteinfall. Die international bekannte Sammlung wurde 2004 eröffnet.

Im Freilichtmuseum »Den Gamle By« (1909) – die alte Stadt – sind vom Abriss bedrohte Bauwerke aus dem gesamten Land wieder aufgebaut worden. Häuser, eine Mühle und eine Brauerei sind zu sehen. Auch das Spielzeugmuseum, eine Apotheke und ein Textilmuseum lohnen.

Die Schlössertour führt zu zwei der schönsten Anlagen auf Jütland. Schloss Clausholm ist Dänemarks besterhaltenes Barockschloss (1690). Gammel Estrup ist mit seinem botanischen Garten und der Orangerie ein Juwel des 17. Jahrhunderts.

Als eines der sehenswertesten Dörfer Dänemarks gilt Ebeltoft. Zu sehen sind Fachwerkbauten, die romanisch-gotische Kirche und das kleinste Rathaus der Welt mit seinem auffälligen Uhrturm. Im Sommer flanieren Menschen in traditionellen Trachten durch die Straßen. Im Museumshafen liegt die Fregatte JYLLAND. Sie nahm im Deutsch-Dänischen Krieg an der Seeschlacht vor Helgoland am 9. Mai 1864 teil und ist das letzte Eichenholzschiff der dänischen Marine.

Eine Besonderheit ist die Bootstour durch das Seenhochland. Nach einer Stunde Landschaftsfahrt ist Silkeborg erreicht. Hier fahren die Boote ab. Wälder umrahmen Kanäle, Flussläufe und Hügel. Der Himmelbjerget ist mit 147 m Dänemarks höchste Erhebung. Wenn noch Zeit ist, folgt ein Rundgang durch Sikeborg mit Besichtigung des ältesten Gebäudes Hovedgård (1767). Darin befindet sich der Tollundmann, eine Moorleiche, die am 6. Mai 1950 westlich von Silkeborg entdeckt wurde.

Eisenbahnfreunde sollten nach Bryrup fahren. Nach einer Stunde Fahrt wartet eine gut erhaltene Dampflokomotive mit Waggons, die einst zur Privatbahn Horsens-Bryrup-Silkeborg gehörten. Nach ihrer Einstellung 1968 fährt sie heute die 5 km lange Strecke durch Wälder und vorbei an Seen zum alten Bahnhof in Vrads. Der Ausblick vom Himmelbjerget beschließt den Ausflug.

Århus individuell

Die Umgebung bietet zahlreiche Ziele, die mit öffentlichen Bussen leicht erreicht werden können. Die Thorsager Rundkirche (1200) liegt 50 Min. mit den Buslinien 120–123 entfernt. Der Innenraum wird von vier massiven Säulen getragen. Der Blick öffnet sich zum Chorraum mit einem Kreuz (16. Jh.) sowie zur Orgel. Lohnend ist der Gang auf die Herrscherempore. Mit der Busline 217 ist in 60 Min. Schloss Rosenholm zu erreichen. Die Anlage ist ein Beispiel der Schlösserarchitektur des 16. Jh. Inmitten eines Teichs gelegen, stellt sie eine gelungene Symbiose zwischen Renaissance und Barock dar und besitzt eine Sammlung aus Möbeln, Gobelins und Kunstwerken aus mehreren Jahrhunderten.

Der Herrensitz Moesgård liegt 30 Min. mit der Buslinie 18 entfernt. Das prähistorische Museum zeigt Exponate von der Stein- bis zur Wikingerzeit, darunter die 2000 Jahre alte Moorleiche »Mann von Grauballe«. Hinter dem Museum sind die Stabkirche von Hørning, Wikingerhäuser und der Garten zu bestaunen.

Århus für Radfahrer und Wanderer

Århus ist bekannt für sein gut ausgebautes Radwegenetz. So macht Fahrradfahren auch in der Innenstadt Spaß. Noch interessanter ist es, die Stadt Richtung Brabrand-See zu verlassen. Der gut beschilderte Radweg bringt den Besucher mitten in ein Naturschutzgebiet. Der See ist 3 km lang und 800 m breit. Lohnend ist die Kirche von Braband, die ihr heutiges Aussehen zwischen 1300 und 1500 erhielt. Im Inneren sind das

Altarbild von 1895 und der romanische Taufstein sehenswert.

Wanderern steht ein großes Angebot an beschilderten Wegen und bereits ausgearbeiteten Touren zur Verfügung. Selbst von der Innenstadt aus können gut markierte Wanderungen in die nähere Umgebung beginnen. Eine der schönsten Wandertouren ist ein Ausflug in die hügelige Weidelandschaft der Mols Bjerge. Der Nationalpark ist 44 km von Århus entfernt und verfügt auf 180 km² über eine große Vielfalt an Flora und Fauna. Er kann bei ganztägiger Liegezeit des Schiffes mit öffentlichen Bussen erreicht werden oder auch mit dem Fahrrad. Es handelt sich um unberührtes, offenes Hügelland, das von Nadel- und Laubwäldern durchzogen ist. Ein Besucherzentrum gibt wichtige Informationen zu den möglichen Spaziergängen im Park.

Esbjerg

Nach dem Deutsch-Dänischen Krieg 1864 kam es 1896 zu einem Hafenneubau und mit ihm ein wirtschaftlicher Aufschwung und ein Bevölkerungswachstum. Die Stadt mit ihren zwei Universitäten lebt heute überwiegend vom Warenumschlag des Hafens und der Offshore-Industrie.

Hafen

Schiffe liegen in Esbjerg am Englandkai und am Europakai. Sie verfügen über Passagierterminals in nächster Nähe zur Innenstadt, die in 15 Min. zu Fuß zu erreichen ist.

Organisierte Ausflüge

Die Stadt hat kaum historische Sehenswürdigkeiten. Daher werden statt einer Stadtrundfahrt Touren ins Hinterland angeboten.

Ausflug	Dauer
Stadtbesichtigung Ribe	4 Std.
Fanø und Sønderho	5 Std.
Ein Tag im Legoland / Billund	
Dieser Ausflug wird auch von Århus (Seite 25) aus angeboten.	6–7 Std.

Ribe ist die älteste Stadt Dänemarks mit Fachwerkhäusern, einem mittelalterlichen Stadtkern und der Domkirche (12. Jh.). Das Königshaus war oft zu Gast und residierte in Schloss Riberhus. Seine Hochblüte hatte Ribe im 16. Jh. Die Reformation, die Versandung des Flusses, ein großer Stadtbrand und die Pest setzten der Stadt massiv zu. 1580 entstand das heutige Stadtbild.

Am Marktplatz stehen das alte Rathaus (1496) sowie das Haus des Reformators Hans Tausen (1494–1561). Der romanische Dom ist der einzige fünfschiffige Kirchenbau Dänemarks mit wertvollen Kunstwerken, darunter eine Holzfigur des Hl. Georg mit dem Drachen sowie die Kanzel (1579). Die Aussicht vom 50 m hohen Kirchturm ist ausgezeichnet.

Das Wikingermuseum gibt Einblick in die Geschichte und die Lebensweise der Wikinger. Hier ist nicht nur ein Wikingerschiff zu sehen, sondern auch der damalige Marktplatz nachbildet. Die Sturmflutsäule steht am Fluss Ribe Å. Auf der Säule lässt sich nachvollziehen, wie oft

Ribe von Fluten heimgesucht wurde. Die höchste 1634 kostete 8000 Menschen das Leben.

Die Insel Fanø bietet Graslandschaften, Dünen, Sandstrände und reetgedeckte Häuser. Die Fähre braucht 15 Min. Der Hauptort Nørby hat 2659 Einwohner und viele gut erhaltene Fischerhäuser. Eine Schifffahrts- und Trachtensammlung vermittelt etwas vom Leben früherer Zeiten. In der Seefahrerkirche (1786) sind einige Schiffsmodelle zu sehen.
15 km entfernt liegt Sønderho. Durch enge Gassen geht es zum Hannes Hus (1800). Das Heimatmuseum zeigt Möbel und Wandschmuck aus dem 19. Jh. Die Kirche ist eine der größten Seefahrerkirchen Dänemarks mit 15 Schiffsmodellen im Inneren.

Esbjerg individuell

Empfehlenswert ist der Besuch des Wasserturms (1897) mit einer Ausstellung zur Geschichte europäischer Wassertürme. Mit öffentlichen Verkehrsmitteln lässt sich die nähere Umgebung kennenlernen. Auch ein Fahrrad eignet sich für eigene Unternehmungen. In Hjerting, 7 km nördlich, steht als Beispiel moderner Architektur die Kirche von Alan Havsteen Mikkelsen. Am Strand von Sædding befindet sich die Skulpturengruppe »Der Mensch am Meer« (Mennesket ved Havet, 1995) von Svend Wiig Hansen. Vier sitzende weiße Betonfiguren blicken in die Richtung der Insel Fanø. In der Nähe befindet sich das Fischerei- und Seefahrmuseum mit Aquarien, Ausstellungen und einem Bunker aus dem Zweiten Weltkrieg.

Esbjerg für Radfahrer und Wanderer

Rund um Esbjerg und selbst in der Stadt ist Fahrradfahren ein Vergnügen. Schnell nach dem Verlassen der Innenstadt ist der Fahrradfahrer in der Landschaft, die durchweg sehr flach ist und keine größeren Anforderungen an die Kondition stellt. Besonders schön ist eine Radtour von Esbjerg zum Filsø-See. Die Route führt entlang des Hjerting Strandvej über Oksbøl vorbei an der Kærgård Klitplantage zum Filsø-See. Pro Strecke ist die Route 39 km lang. Radfahrer können entscheiden, wie weit sie in der Liegezeit ihres Schiffes fahren können.

Der Filsø-See wurde jahrelang entwässert, um die Landwirtschaft zu fördern. 2011 begann man damit, das Naturschutzgebiet wiederherzustellen. Heute hat der See wieder ein Drittel (915 Hektar) seiner ursprünglichen Größe erreicht, und die Tiere kehren zurück. Viele Vögel, Fischotter und Rothirsche leben wieder an seinen Ufern.

Wanderer sollten ebenfalls am Strand von Hjerting wandern und ihre Tour dann in Richtung Marbæk fortsetzen. Die Wanderung ist pro Strecke rund 14 km lang, und die Reisenden können entscheiden, wie weit sie den gut beschilderten Wegen folgen. Der Rückweg ist je nach Zeitlimit sowohl mit einem Taxi als auch mit öffentlichen Bussen möglich. Im Naturpark Marbæk steht ein engmaschiges Wegenetz zur Verfügung.

Einsamer Strand bei Kap Skagen

Skagen

Die Nordspitze Dänemarks mit der Stadt Skagen und dem Zusammenfluss von Kattegat und Skagerrak bei der Landspitze Grenen wurde früher von Schiffen nur umrundet, heute machen immer mehr davon im Hafen fest.

Hafen

Die Hafeneinfahrt ist bis zu 175 m breit. Ein neues Hafenbecken mit 450 m langen neuen Kais und ein möglicher Tiefgang von bis zu 11 m gestatten es auch größeren Schiffen anzulegen.

Organisierte Ausflüge

Die meisten Sehenswürdigkeiten liegen in einer Entfernung von maximal 5 km. So wird auf organisierte Ausflüge verzichtet oder nur eine kurze Rundfahrt angeboten. Ein freier Landgang lohnt aber genauso wie ein geführter Rundgang auf der Landspitze Grenen.

Als Skagen 1413 Stadtrechte erhielt, lagen die Häuser in den Dünen verstreut. Ein Stadtkern bildete sich erst später. Die Menschen lebten vom Fischfang. Heute stammen die meisten der gelb gestrichenen Häuser mit roten Dächern aus der Zeit um 1900. Interessant ist das Skagenmuseum. Die Gemäldesammlung erinnert daran, dass der Ort früher eine Künstlerkolonie war. Auch Bernsteinexponate werden gezeigt.

Skagen individuell

Zunächst verlässt man Skagen auf dem Fyrvej (Nr. 40) in Richtung Grenen. Beim Ortsausgang liegt rechts der 21 m hohe Weiße Leuchtturm, der von 1747 bis 1858 in Betrieb war. Der »Grå Fyr« (grauer Leuchtturm, seit 1858) ist mit 46 m einer der höchsten des Landes. 210 Stufen führen nach oben und ermöglichen einen herrlichen Ausblick auf Nord- und Ostsee zugleich. Die

Nachbildung des alten Küstenfeuers in der Nähe, das wie ein alter Brunnen aussieht, lohnt den Besuch.

Der Fyrvej mündet in einen Kreisverkehr. Wer sich rechts hält, gelangt zum Grab des Dichters und Malers Holger Drachmann (1846–1908) in den Dünen. Einen Teil seines Lebens verbrachte er in Skagen und wollte hier begraben werden. Viele seiner oft auch vertonten Gedichte wie »Midsommervisen« kennt in Dänemark jeder. Das letzte Stück bis zur Landspitze Grenen können Besucher auch mit dem »Sandwurm«, einem Traktor mit Anhänger und großen Fenstern, zurücklegen. Wenn genügend Reisende anwesend sind, beginnt die Fahrt.

Skagen für Radfahrer und Wanderer

Die Landschaft ist flach und eine Fahrradtour oder Wanderung von Skagen aus in Richtung Südwesten auch interessant. 3,6 km entfernt vom Stadtzentrum Skagens liegt die Turmruine der St.-Laurentius-Kirche, die auch »versandete Kirche« genannt wird. Nachdem das Kirchenschiff 1805 abgerissen wurde, blieb nur der Turm erhalten. Er stammt aus dem 13. Jh. Durch heftige Winde verstärkten sich im letzten Drittel des 18. Jhs. die Sandverwehungen der Wanderdünen derart, dass die Kirche letztlich nicht zu retten war und nach und nach versandete.

Sonnenuntergang vor Kap Skagen

Die Bucht von Gjógv auf den Faröer Inseln

Tipps zu besonderen Sehenswürdigkeiten beim Einlaufen in die Häfen der Färöer Inseln finden Sie in der Tabelle auf Seite 138.

Färöer Inseln

Auf den Färöern mit ihren knapp 50 000 Einwohnern erscheinen pro Kopf jährlich mehr Bücher als in jedem anderen Land der Erde. Einer der berühmtesten Autoren war Heðin Brú, der von 1901 bis 1987 lebte. Sein Roman *Des armen Mannes Ehre* wurde aus dem Färöischen in mehrere Weltsprachen übersetzt. 2015 erschien auf Deutsch im Guggolz Verlag sein gut zu lesender Roman *Vater und Sohn unterwegs.*

Die 18 Inseln und zahllosen Schären der Faröer liegen rund 600 km westlich der norwegischen und 400 km nördlich der schottischen Küste. Hier existiert eines der ältesten Parlamente der Welt. Die 49 000 Färinger pflegen ihre uralten Traditionen, die teilweise auf die Wikinger zurückgehen. Bemerkenswert sind die eiszeitlichen Landschaften, die Flora und Fauna und 70 alte Landkirchen aus Holz.

Häfen

Die wichtigsten Häfen sind Tórshavn (auf Streymoy), Klaksvík (Borðoy) und Runavík(Eysturoy). Seltener werden Vestmanhaven (Streymoy) und Tvøroyri (Suðuroy) besucht.

Schiffe von mehr als 300 m Länge können in Runavík und Klaksvík anlegen. Maximaler Tiefgang ist 12 m. Im Stadthafen von Tórshavn gibt es einen Liegeplatz für Schiffe unter 200 m Länge. Größere Schiffe müssen tendern. Die Pier in Tórshavn liegt 800 m von der Innenstadt entfernt.

Organisierte Ausflüge

Die Häfen liegen maximal 70 km voneinander entfernt, sodass das Ausflugsprogramm überall identisch ist. Die Inseln Borðoy, Eysturoy und Streymoy sind durch Brücken miteinander verbunden.

Ausflug	Dauer
Tórshavn, Kirkjubøur und Ruinen der Wikingerbauten	4 Std.
Stadtrundfahrt Tórshavn	3 Std.
Küstendörfer, Runensteine und majestätische Fjorde	3,5 Std.
Kollafjørðður und mittelalterliches Bauerngehöft Saksun	3,5 Std.
Kollafjørðður und Kvívík	4 Std.
Inseln Eysturoy, Borðoy und Kunoy	4 Std.
Archipel der Riesen – Fahrt durch die Geschichte der Färöer Inseln	4 Std.
Eiði, Gjógv und Funningur	4 Std.
Der Osten der Insel Insel Eysturoy	4 Std.

Im Hafen von Torshavn auf Stremoy mit Blick auf die Stadt

Felsnadeln des Riesen und seiner Frau bei Gjogv auf Esturoy

Tórshavn (19000 Einwohner) ist eine der ältesten Hauptstädte der Welt. Malerisch ist die Halbinsel Tinganes mit grasgedeckten Holzhäusern, dem Regierungsviertel, dem Sitz des Premierministers und der Domkirche. Gedrängt stehen die rot gestrichenen Häuser mit ihren grünen Dächern. Auf dem Versammlungsplatz wurde seit 930 das Thing (Gerichtsversammlung) abgehalten, bei dem auch Gesetze erlassen werden konnten. Daraus entwickelte sich das Färöer Parlament. Ihm stand ein Gesetzesmann vor und Vertreter aller Regionen gehörten ihm an. Für das Thing, das nur zwischen 1816–1852 nicht stattfand, wurde 1856 das Parlamentsgebäude aus Holz errichtet. Außerdem stehen dort auch die ältesten Häuser der Stadt aus dem 14. bis 18. Jh.

Der Architekt Johannes Poulsen baute den Dom (1788), der etwas erhöht über der Stadt liegt. Das Nationalmuseum am nördlichen Stadtrand zeigt Exponate aus der Geschichte der Färöer, Endstücke alter Kirchenbänke und historische Boote.

Der Ausflug nach Kirkjubøur und Kvívík beginnt mit einem Fotostopp oberhalb des Dorfes Velbastaður und bietet einen Rundblick auf die Inseln Hestur, Koltur und Sandoy.

In Kirkjubøur ist der Blick auf den 308 m hohen Berg Kirkjubøambur lohnenswert. Im 12. Jh. war hier das geistliche Zentrum der Färöer Inseln, wie die Ruine des Magnusdoms belegt, den Bischof Erlendur errichten ließ. Die massiven Basaltmauern und die gotischen Spitzbogenfenster beeindrucken bis heute. Ob die Kirche jemals geweiht wurde, ist unklar.

Die St.-Olavs-Kirche (13. Jh.) hat mit 21,8 × 7,5 m die Ausmaße einer Kapelle, ihre Bedeutung für die Inseln ist ungleich größer. Da die nahe gelegene Kathedrale nie fertig wurde, war sie die Kirche für 34 Bischöfe, was zwei Bischofsgräber im Inneren belegen. Berühmt wurde das Chorgestühl. Die 18 Schnitzereien (15. Jh.) sind im Nationalmuseum in Tórshavn zu bewundern.

Der Königsbauernhof ist nicht nur das älteste noch bewohnte Holzgebäude Europas, sondern auch der größte Bauernhof der Inseln. Er ist Herzstück ihrer Geschichte, denn 1298 soll hier Erlendur den Schafsbrief, das älteste Dokument auf den Färöern, verfasst haben.

Die Fjordlandstraße führt vorbei am Dorf Leynar mit seinem Sandstrand. Lohnend ist der Besuch in einer Drechslerwerkstatt. Das Kunsthandwerk wird noch immer gepflegt. Oberhalb des Ortes Kvívík hat man einen schönen Blick auf das eizeitliche Tal. Sehenswert sind die Überreste eines Wikingerhofes (10. Jh.) mit Wohnhaus und Stall. Kvívík gehört damit zu den ältesten Orten auf den Inseln. Sehenswert sind mehrere Wohnhäuser mit Grasdach. In der Kirche (1903) wurde 1855 zum ersten Mal das Evangelium auf Färöisch gelesen.

TIPP

Vom Dorf Vestmanna / Streymoy fahren Boote entlang der Küste zu Grotten und Kanälen, die sich zwischen freistehenden Felsformationen und Klippen befinden. Tausende von Seevögeln brüten hier im Sommer. Die Nester liegen in atemberaubenden Höhen. Am südlichsten Punkt der Fahrt erhebt sich der Felsen »Finger des Trollweibs«.

Am Kaldbak-Fjord kann man die Entstehungsgeschichte der Insel entdecken, denn tiefe Täler erinnern an die letzte Eiszeit, Ascheströme und Basalt, daran, dass der Archipel vulkanischen Ursprungs ist. Durch den Unterseetunnel geht es auf die Insel Vágar. Er ist 4,9 km lang und durchquert den Vestmannasund.

Auf Vágar war von 1555 bis 1816 der Sitz des Oberhauptes des Färöer Parlaments. In der Kirche wird ein Runenstein aufbewahrt, der über 800 Jahre alt ist.

Auf dem Weg nach Kollafjørður (800 Einwohner) sind Schichten von Vulkanasche und Lava zu sehen. Die wichtigste Sehenswürdigkeit ist die Kirche (1837) mit einem Grasdach und schwarz geteerten Wänden. Sie ist eine von zehn noch erhaltenen Holzkirchen mit gleichen Merkmalen.

Nach kurzer Fahrt erreichen die Busse Saksun am Ende einer langgestreckten Förde mit massiven Felswänden. Die 20 Einwohner erläutern gern ihre Steinkirche und den Bauernhof (17. Jh.), der als Museum eingerichtet ist. Saksun zeigt, wie isoliert manche Orte auf den Inseln bis heute sind.

Eiði und Gjógv sind zwei der schönsten Dörfer der Insel Eysturoy. Am Skálafjord eröffnen sich immer wieder herrliche Ausblicke auf Wasserfälle und Bauernhöfe. Eiði war seit dem 15. Jh. das Zentrum der Fischerei und des Handwerks und um 1880 die größte Siedlung auf den Färöern. Dann kamen englische Trawler, um zu fischen und der Ort stagnierte. Sehenswert sind die Kirche (1881) und ein Museum, das in einem alten Bauernhaus eingerichtet ist.

Die Busse verlassen Eiði Richtung Osten. Hier erhebt sich der Slættaratindur (882 m), der höchste Berg der Insel. Die Straße Richtung Gjógv gestattet nun einen Blick auf das Riesenpaar Risin und Kellingin, zwei Steinsäulen im Meer. Der Sage nach wollte einst Island die Inseln zu sich heranziehen. Es schickte deshalb das Riesenpaar aus. Die Frau versuchte die Färöer zusammenzubinden und ihrem Mann auf den Rücken zu laden. Beim ersten Versuch brach der nördliche Teil des Berges Eiðikollur ab. Als die Sonne aufging, erstarrten beide zu Stein. So steht das Riesenpaar noch heute vor der Küste und schaut Richtung Island.

Gjógv bedeutet Felsspalte. Das Dorf liegt reizvoll an der Nordspitze der Insel Eysturoy. Es ist durch eine Verengung der Hafeneinfahrt vor den Wetterunbilden des Nordmeers geschützt. Schon die Wikinger nutzten diese besondere Lage. Die Kirche (1929) besitzt mehrere Schiffsmodelle. Der Ausflug endet mit einer Fahrt über eine Serpentinenstraße nach Funningur. Der Sage nach gründete Grímur Kamban, der erste Siedler auf den Färöern, den Ort um 825 n. Chr. Auch andere Dörfer sind sehenswert und mitunter Teil von Ausflügen. Die Insel Kunoy wird besucht, die durch einen Tunnel erreichbar ist. In Klaksvik ist die Christianskirche (1963) mit dem Fresko »Das große Gastmahl«

interessant. Der alte Siedlungsplatz Toftanes aus der Wikingerzeit lohnt, ebenso die älteste Holzkirche (1829) auf den Inseln in Hvalvík.

Färöer individuell

Wer in Tórshavn allein unterwegs sein möchte, dem ist ein Besuch der Hoyvikar Kirkja und der Vesturkirkjan zu empfehlen, die interessante Beispiele moderner nordischer Architektur darstellen. Das Nordic House, ein Kulturzentrum mit zahlreichen Veranstaltungen, ist in traditioneller Bauweise mit einem Grasdach errichtet. Die nationale Kunstgalerie bietet eine Sammlung der Inselkunst durch die Jahrhunderte mit einem Schwerpunkt auf den Werken moderner einheimischer Künstler. Ein abschließender Spaziergang im Viðarlundin Park ist vor allem bei schönem Wetter ein Genuss.

Auf den Inseln ist ein Mietwagen empfehlenswert. Alle wichtigen Ziele auf den Nachbarinseln sind über Brücken und durch Tunnel gut

Tröllhövdi und die Felsennadel Bodabergstangi auf Sandoy

Der Ort Kollafjördur im gleichnamigen Fjord auf Stremoy

zu erreichen. Blaue Busse verkehren zwischen den einzelnen Städten und Dörfern. Fahrpläne für die öffentlichen Verkehrsmittel sind in den Tourist-Informationen erhältlich. In Tórshavn fahren rote Busse. Der Fahrplan ist direkt bei den Bussen einzusehen und in jedem Tourismusbüro zu haben.

An den Binnenseen und der Küste kann man ausgezeichnet angeln. Hierzu ist eine Genehmigung erforderlich, die in den Dörfern, den Fremdenverkehrsämtern und an Tankstellen erhältlich ist. Für die beliebten Lachsgewässer Saksunarvatn, Leynavatn und Mjavuvøtn gelten Festpreise. Es gibt auch organisierte Angelausflüge, ebenso aufs Meer.

Färöer für Radfahrer und Wanderer

Wandern ist die ideale Freizeitbeschäftigung auf den Färöern, sofern es nur das Wetter zulässt. Auf viele gut gekennzeichnete Wege darf man allerdings nicht hoffen. Der bekannteste dieser Wege führt von Thórshavn nach Kirkjubøur. Gut begehbare Wege sind mit 1 m hohen Steinkegeln, den sogenannten Steinmännern, markiert.

Die Landschaft bietet weite offene Flächen und wenig Unterholz. So könnte man auch ohne Karte wandern, im begrenzten Zeitrahmen einer Kreuzfahrt sollten Wanderer aber gut vorbereitet mit Karte, festem Schuhwerk, wasserdichter Kleidung und einer Trillerpfeife sowie einem Handy ausgestattet sein. Letztere tun gute Dienste, falls plötzlich Nebel die Sicht erschwert.

In Thórshavn können zwar Fahrräder ausgeliehen werden, aber Fahrradfahren ist auf den Inseln nicht zu empfehlen. Man muss grundsätzlich auf der Autostraße fahren, das Fahren abseits ist nicht erlaubt. Darüber hinaus sind viele Gegenden sumpfig, und schon beim ersten größeren Tunnel wäre die Fahrt sowieso beendet.

Eisberg in der Diskobucht

Tipps zu besonderen Sehenswürdigkeiten beim Einlaufen in die grönländischen Häfen finden Sie in der Tabelle auf Seite 139.

GRÖNLAND

In der Reihe *Lesereise* des Wiener Picus Verlags sind viele hervorragende literarische Reiseberichte erschienen. Ins Lektüregepäck bei einer Nordlandkreuzfahrt gehört unbedingt auch *Inseln des Nordens. Von Island bis Spitzbergen* von Barbara Schaefer und Rasso Knoller (Wien 2009).

Drei Berichte in diesem handlichen Buch handeln von Grönland:

Die Entdeckung Grönlands – in mehreren Etappen, Wo Eisberge auf Reisen gehen und *Der Orgelspieler von Alluitsoq.*

Rund 80 Prozent der Landfläche Grönlands sind noch mit Eis bedeckt. Doch der starke Schwund des grönländischen Eisschilds gibt weltweit Anlass zu der Sorge, dass der Meeresspiegel künftig spürbar ansteigt.

Durch den Golfstrom wird das Klima der größten Insel der Welt an der Westküste gemildert, sodass Kreuzfahrten im Sommer bis in den Norden möglich sind. Die Insel besitzt eine reiche Flora und Fauna.

Grönland hat 57 000 Einwohner, die überwiegend von Inuit abstammen, es sind aber auch viele Zeugnisse der Wikinger erhalten. An die Christianisierung im Jahre 1000 erinnern Kirchenruinen, an die Rolle der Norweger und Dänen in der Geschichte verlassene Walfangstationen.

Besonderheiten im Reiseverlauf
Grönlandkreuzfahrten haben eigene Gesetze. Reisekataloge sind da nur Anhaltspunkte, denn Stürme, Treibeisfelder und Eisberge können den Reiseplan verändern. Vor den Küsten Grönlands und an Land sind zudem strenge Verhaltensregeln zu befolgen. Informationsveranstaltungen hierzu gibt es vor der Ankunft auf jedem Schiff.

Nebel und Sonne im Prins Christian Sund auf Grönland

Ilulissat in der Diskobucht

Häfen

Es sind meist Tenderhäfen. Tenderboote legen an schwimmenden Pontons an, die sich dem Wasserstand anpassen. Eine feste Pier oder größere Hafenanlagen existieren nur in der Hauptstadt Nuuk.

Organisierte Ausflüge

Ein Ausflugsprogramm wird nur in Qaqortoq, Nuuk, Narsarsuaq, Nanortalik und Ilusissat angeboten. Ansonsten sind freie Landgänge üblich. Einheimische geben bei der Ankunft gerne Informationen zu den Sehenswürdigkeiten in ihrem Ort.

Brattahlíð

Sehenswert sind die Ruinen der ersten christlichen Kirche Grönlands aus dem Jahr 1000. Es finden sich Grabstätten, Reste eines Langhauses und eines Versammlungsortes (Thing), die von der ersten Besiedlung durch Erik den Roten zeugen.

Diskobucht

Aasiaat (Egedesminde)

Der Ort (3000 Einw.) wurde 1759 im Gedenken an Hans Egede von einem seiner Söhne gegründet. Zu sehen sind ein Torfhaus und die Kirche (1964) mit Altartafeln von Jens Rosing. Das Museum widmet sich der Geschichte des Ortes und der Seefahrt. Im Gemeinschaftshaus wird die weltweit größte Ausstellung der Bilder des renommierten dänischen Malers Per Kirkeby gezeigt.

Ilulissat (Jakobshavn)

Die Stadt ist Ausgangspunkt für Fahrten in den Eisfjord, der seit 2004 zum Weltnaturerbe der UNESCO gehört. Interessant ist die Zionskirche (1781), deren Innenraum von acht runden Holzsäulen getragen wird. Das Geburtshaus von Knud Rasmussen, dem berühmten Polarforscher und Ethnologen, steht in der Ortsmitte.

Eisberg in der Diskobucht

Mehrere Denkmäler und Gedenksteine wurden zu Ehren verstorbener Seeleute errichtet. Überall sind Huskys vor den Häusern angebunden. Die Tiere sind im Winter unentbehrlich und werden nur nördlich einer Linie gehalten, die Hundeaquator genannt wird und mit dem Polarkreis identisch ist.

Organisierte Ausflüge

Mit speziell ausgestatteten Schiffen der Einheimischen fahren die Passagiere in die Mündung des Eisfjords, um die gewaltigen Eisberge zu bestaunen. Der Gletscher Sermeq Kujalleq schiebt sie in die Mündung, wo sie auf Grund laufen und bizarre Eislandschaften bilden. Der Fjord ist 40 km lang, 7 km breit und bis zu 1200 m tief. Der Gletscher bewegt sich rund 20 m pro Tag.

Lohnend ist die Walbeobachtung in der Diskobucht. Es sind vor allem Buckelwale, die bei den Gästen für Begeisterungsstürme sorgen. Rund 90 Min. dauert die Wanderung über einen mit Holzlatten ausgelegten Weg durch das Sermermiut-Tal bis an den Eisfjord. Der Panoramablick ist überwältigend. Ein Mückenschutz ist im Sommer unerlässlich! Rundflüge zur Kante des Gletschers im Eisfjord sind mit Helikoptern möglich. Die Flughöhe ist sehr gering und garantiert einzigartige Eindrücke von der Arktis.

Qeqertarsuaq (Godhavn)

Der Walfänger Svend Sandgreen gründete 1773 die Siedlung auf der Diskoinsel. Die Einwohner leben noch heute vom Fischfang und der Jagd. Während des freien Landgangs sind die fast vegetationslosen Berge, die zahlreichen Engelswurz-Pflanzen und die bunt gestrichenen Häuser schöne Fotomotive.

Saqqaq

Die Siedlung (1775) liegt auf einer Halbinsel an der Nordseite der Diskobucht. Die nach ihr benannte Saqqaq-Kultur entwickelte sich vor

Gletscher im Prins Christians Sund

ca. 4500 Jahren und existierte bis 800 v. Chr. Unweit der Siedlung wurden bei Qilakitsoq gut erhaltenen Eismumien gefunden, die sich im grönländischen Nationalmuseum in Nuuk befinden.

Qasigiannguit (Christianshåb)

Gäste gehen nur kurz nach den Panoramafahrten in der Diskobucht an Land. Es gibt einige Hotels und Restaurants sowie ein Museum, das die Kultur der Inuit von der Frühgeschichte an darstellt. Für Wanderer gibt es Möglichkeiten, die umliegenden nur 500 m hohen Berge zu besteigen.

Igaliku

Es wurde 1782 von dem Norweger Anders Olsen, der mit einer Grönländerin verheiratet war, gegründet und unterscheidet sich deutlich von anderen Orten auf Grönland. Es gibt Steinhäuser mit Holzdach, die steinerne Ortskirche und die Ruinen des mittelalterlichen Bischofsitzes Garðar mit dem Dom, der 27 m lang und 16 m breit war.

Ikerassuaq (Prins Christian Sund)

Die rund 100 km lange Meeresstraße trennt die Inseln vor der Südküste von der Hauptinsel und bietet während der mehrstündigen Fahrt den Blick auf eine Fülle von Gebirgszügen, unterbrochen von gewaltigen Gletschern. Hinzu kommen surreale Reflexionen der Wasseroberfläche bei Windstille. Nicht selten versperren Eisberge die Zufahrten auf der Süd- und Westseite des Sunds und machen die Passage unmöglich.

Kangerlussuaq (Søndre Strømfjord)

Die Fahrt durch den gleichnamigen Fjord bietet atemberaubende

Landschaft im Fjord von Kangerlussuaq

Ausblicke auf Bergmassive, Gletscherzungen, Wasserfälle und Geröllhügel. Der Ort am Ende des Fjords ist wegen seines Flughafens interessant, der auch für den Passagierwechsel genutzt werden kann. Am 7. April 1941 wurde der amerikanische Luftwaffenstützpunkt seiner Bestimmung übergeben und der Ort wuchs beträchtlich an. Heute existieren ein Hotel, eine Schule und Freizeiteinrichtungen.

Organisierte Ausflüge
Auf der längsten Straße Grönlands geht es 35 km zum Inlandseis, wo man die Chance hat, Moschusochsen, Rentiere und zahlreiche Vögel zu sehen. Am Horizont schimmert der Eisschild Grönlands. Es kommen geländegängige Fahrzeuge auf unbefestigten Straßen zum Einsatz, und es muss ein Fußweg von 45 Min. zurückgelegt werden. Die Anstrengungen lohnen sich jedoch für ein unvergessliches Eiserlebnis.
Die Offroad-Tour zum Russel-Gletscher führt bis in die Nähe der bis zu 60 m hohen Gletscherwand, deren Eismassen wie Teile einer Kathedrale in den Himmel ragen.

Kangertittivaq (Scoresby Sund)

Das Fjordsystem ist das größte der Welt, reicht bis zu 350 km ins Land hinein und ist bis zu 600 m tief. Es wurde nach dem Entdecker William Scoresby benannt. Bis zu 1500 m hohe Felswände und eine interessante Flora und Fauna mit Moschusochsen, Polarfüchsen, Papageientauchern sind zu bestaunen.

Maniitsoq (Sukkertoppen)

Die bunten Häuser der 2530 Einwohner liegen in einer fast alpinen Landschaft. In der Nähe des Dorfes fanden Archäologen Reste der

Saqqaq- und der Thulekultur. Die Einwohner verkaufen Souvenirs und singen dabei Lieder. Der Ort hat eine Chortradition, die 1918 begann. Es gibt drei Chöre, darunter den ältesten Chor Grönlands.

Bei längerer Liegezeit wird eine Überlandfahrt zum Apussuit-Gletscher angeboten. Er liegt in einem der schönsten Skigebiete der Insel.

Nanortalik

Nanortalik (1300 Einwohner) liegt auf einer Insel an der Südküste. Das größte Freilichtmuseum der Insel zeigt neun Gebäude aus der Zeit vom 18. Jh. bis ins 20. Jh. in Kolonialarchitektur. Bemerkenswert ist ein traditionelles Speckhaus. Wanderer können den 559 m hohen Storfjeld oder den 308 m hohen Ravnefjeld besteigen. Wer den Ort verlassen möchte, sollte die Ruinen der ersten Siedlung (1797) besuchen.

Narsarsuaq

Der Flughafen war das Herzstück einer Militärbasis, die von den USA 1941 eingerichtet wurde. Heute wohnen 160 Menschen in weit verstreuten Häusern überwiegend von der Landwirtschaft und dem Fischfang.

Organisierte Ausflüge

Der zunächst sehr breite Qooroq-Eisfjord wird, je näher die Boote dem Gletscher kommen, immer enger. Das Eis schimmert meist tiefblau, und die Boote können so nah heranfahren, dass sich eine ungeahnte Geräuschkulisse auftut. Als Alternative wird auch eine Bootsfahrt nach Brattahlíð (Seite 40) gegenüber von Narsarsuaq ausgeschrieben.

Mumien von Qilakitsoq im Nationalmuseum in Nuuk

Nuuk (Godthåb)

Die Hauptstadt (16 800 Einwohner) liegt am Nuuk-Fjord, der auch im Winter eisfrei bleibt. Hans Egede gründete die Siedlung 1728, da sich hier der Treffpunkt der Inuit befand, der damit ein idealer Platz für die Missionierung war.

Meist wird in Nuuk getendert. Das Nationalmuseum ist die beste Sammlung zur Geschichte und Lebensweise der Inuit weltweit. Zu sehen sind in einem separaten Raum die Eismumien von Qilakitsoq (15. Jh.). Die sechs Frauen und zwei Kleinkinder waren miteinander verwandt. Gezeigt werden nur einige der Mumien, darunter ein 6 Monate alter Junge.

Nach dem Verlassen des Museums fällt der riesige Briefkasten vor der Tourist-Information auf. Hier ist das Weihnachtspostamt. Es können Wunschkarten geschrieben, mit dem beliebten Poststempel versehen und die Räume des Weihnachtsmannes besichtigt werden, der nach Ansicht der Grönländer auf ihrer Insel wohnt. An der Hauptstraße befindet sich links die alte Trankocherei und dahinter das Haus, in dem Hans Egede wohnte. Rechts ist die alte

Post. Auffälligstes Gebäude ist das langgestreckte alte Hospital, die älteste Einrichtung dieser Art auf Grönland. Auf dem Hügel steht die Statue des »Apostels der Grönländer«, Hans Egede. Der Blick auf die Stadt und den Fjord lohnt den Aufstieg.

Der Dom (1849) ist die evangelische Hauptkirche Grönlands. Das Innere ist in den Farben Weiß für das Eis und Blau für Himmel und Meer gehalten. Sehenswert sind ein Bildnis Hans Egedes und ein Relief seiner Frau Gertrud Rask.

Ein Spaziergang lohnt zum Fischmarkt mit Robben- und Walfleisch sowie Meeresfrüchten. Der Geruch und die Art, wie die Grönländer die Tiere schlachten, sind allerdings gewöhnungsbedürftig.

Eine weite Fläche eröffnet sich vor dem Parlamentsgebäude. Hier und an ausgewählten Stellen in Nuuk stehen 14 Denkmäler und Gedenksteine. Sie erinnern an Persönlichkeiten oder Ereignisse in der Geschichte wie die Besuche der Könige Christian X (1921) und Frederik IX (1952).

Paamiut (Frederikshåb)

Paamiut (1540 Einwohner) liegt am Kuannersooq-Fjord. Aus der Siedlung von 1742 wurde im 18. Jh. ein Handelszentrum für Felle, Robbenspeck und Walfleisch. Größter Arbeitgeber ist eine Fischfabrik.

Der Ort ist auf Hügeln verteilt. Straßen mit buntbemalten Häusern wechseln mit modernen Wohnkomplexen. Im Ortskern, nahe einem Bogen aus zwei Walzähnen, befindet sich die grellrote Friedenskirche (1909) mit grünem Dach. Das Inne-

Fisch- und Fellgestelle sind in Grönland weit verbreitet.

re erstrahlt in weißen und blauen Farben. Mit Booten geht es durch die vorgelagerten Inseln zum Whale Watching. Hier lebt eine große Population von Finn- und Buckelwalen.

Qaqortoq (Julianehåb)

Die Fjordfahrt nach Qaqortoq ist ein Erlebnis. Riesige Eisberge sind bis im Spätsommer zu sehen, die mit den bunten Häusern ein Postkartenmotiv Grönlands sind. 1775 von Anders Olsen gegründet, lebte der Ort ursprünglich von der Fischerei. Heute gibt es mehrere Schulen und eine Werft, die der wichtigste Arbeitgeber ist.

Die Hauptstraße führt auf den Dorfplatz. Umgeben von Häusern aus der Kolonialzeit, steht hier der älteste Springbrunnen des Landes. Das Museum (1804) ist das älteste Gebäude der Stadt. Zu sehen sind der blaue und der rote Raum, in dem Charles Lindbergh und Knud Rasmussen übernachtet haben. Fotos zeigen die beiden während ihres Aufenthaltes.

Wer der Straße folgt, sieht rechts die alte Feuerwache und eine Brücke zur Kirche (1832). An der Seite steht der Gedenkstein für Hans Egede und Gertrud Rask. Im Inneren sind Schiffsmodelle und ein Rettungsring der HANS HEDTOFT zu sehen, die 1959 sank.

Wer seinen Rundgang durch Qaqortoq auf die Hügel ausdehnen möchte, kann zahlreiche Holztreppen nutzen. Im Ort stehen insgesamt 24 Kunstwerke von 18 nordischen Künstlern, die 1993/94 den Granit der Hügel zum Thema »Stein und Mensch« in eine Kunstlandschaft verwandelten.

Stadtansicht im Hafen von Qaqortoq

Sisimiut (Holsteinsborg)

In der Umgebung wurden Spuren der Saqqaq-Kultur gefunden und die Anwesenheit des Menschen bereits vor 4500 Jahren belegt. Mit der Ankunft von Hans Egede 1721 begann die Kolonisation des Landes. Es ließen sich Walfänger nieder und nannten den Ort nach dem damaligen Präses des Missionskollegiums »Holsteinsborg«. Über 5000 Menschen leben heute in der wohlhabendsten Stadt Grönlands, denn Kabeljau- und Krabbenverkauf bringt viel Geld ein.

Für Touristen lohnt sich der Ortskern auf der Zimmermannshalbinsel. Einige Gebäude stammen noch aus der Zeit um 1764. Zwei Walzähne (1903) bilden das Tor, direkt daneben steht die älteste Holzkirche Grönlands (1775).

Das Sisimiut-Museum besitzt eine Sammlung von religiösen Exponaten und Gegenständen aus dem Alltagsleben in alter Zeit. Das Haus war früher Wohnhaus, Bäckerei, Postamt und Polizeistation. Sehenswert ist auch das »Alte Haus«, das 1755 in Bergen / Norwegen stand und mit Auswanderern nach Grönland kam. Bemerkenswert ist das vollständig eingerichtete Torfhaus. Es ist rund 100 Jahre alt.

Oberhalb des Zentrums liegt die neue Kirche (1926). Im Inneren der Holzkirche befinden sich Kunstwerke zeitgenössischer Künstler. In Sisimiut sind viele Denkmäler für Persönlichkeiten der Orts- und Landesgeschichte zu sehen, darunter das Parlamentsmitglied Jørgen F.C. Olsen, der Vikar Gustav Olsen und Knud Rasmussen. Ein Monument für den »unbekannten Seemann« befindet sich oberhalb der neuen Kirche.

Bogen aus Walzähnen und alte Kirche in Sisimiut

Tasiilaq (Ammassalik)

Die Ostküste Grönlands ist nur schwer zu erreichen, denn oft versperren bereits weit vor der Küste Eismassen den Zugang. Eine Ausnahme ist Tasiilaq. Der König-Oscar-Hafen liegt in einem Fjord vor einer grandiosen Bergkulisse. 2000 Einwohner leben vom Fischfang. Die bunten Häuser sind rund um den Hafen auf Felsen erbaut.

Hier werden Bootstouren zur Walbeobachtung oder Fahrten in den Sermelikfjord mit seinen Eisbergen angeboten.

Uummannaq und Qaanaaq (Thule)

Beide Orte sind besser bekannt unter dem Namen Thule, und es sind die nördlichsten Orte, die Kreuzfahrtschiffe in Westgrönland ansteuern. Die Handelsstation Uummannaq wurde von Knud Rasmussen Anfang des 20. Jh. errichtet. Nachdem die USA 1952 die Thule Air Base eröffneten, mussten die Bewohner zwangsweise Uummannaq verlassen und nach Qaanaaq umsiedeln. Viele Schiffe kreuzen vor der Küste, um dann in Quaanaaq vor Anker zu gehen. Hier ist die Handelsstation Rasmussens wieder errichtet worden.

Upernavik

Der Ort (1100 Einwohner) wurde 1775 gegründet. Empfehlenswert ist der Besuch des ältesten Museums der Insel, das zugleich das nördlichste Freilichtmuseum der Welt ist. Zu sehen sind Häuser aus der Gründungszeit, Gebäude der Inuit wie eine Winterhütte, ein Torfhaus und die Kirche (1839). Interessant ist es, eine Panoramafahrt zum Upernavik-Eisfjord zu unternehmen. Vom Gletscher kalben regelmäßig die größten Eisberge der Nordhalbkugel.

Schwanzflosse eines Buckelwals in der Diskobucht bei Ilulissat

Uunartoq

Die Insel ist 5,5 km lang und 2,5 km breit. Kreuzfahrtschiffe tendern, denn hier finden sich drei heiße Thermalquellen, deren Wasser Temperaturen bis zu 37 °C aufweist. Ein Badevergnügen in den Naturbecken, umgeben von Eisbergen und einer majestätischen arktischen Landschaft, ist ein unvergessliches Erlebnis.

Der Vitikrater auf Island

Tipps zu besonderen Sehenswürdigkeiten beim Einlaufen in die isländischen Häfen finden Sie in der Tabelle auf Seite 140.

ISLAND

LESETIPP

»Die Isländer schufen eine gigantische Literatur (…). Die Sagas sind eines der außerordentlichsten Ereignisse in der Literaturgeschichte«, sagte einmal der argentinische Autor Jorge Luis Borges, dessen Prosa sich durch ein weltumfassendes Wissen auszeichnet. Die schönste Sammlung isländischer Sagas stammt von Tilman Spreckelsen. Die Erzählungen über die Besiedlung der Insel, das Leben der Wikinger, über Raufbolde, Dichter, gefährliche Frauen, Könige und Berserker kommen uns erstaunlich modern vor, obwohl sie älter als 700 Jahre sind. Das liegt vor allem daran, dass sie Tilman Spreckelsen in einem neuen Ton erzählt. Die Illustrationen von Kat Menschik machen aus dem Buch eine Augenweide.

Der Mordbrand von Örnolfsdalur und andere Isländer-Sagas. Nacherzählt von Tilman Spreckelsen, illustriert von Kat Menschik, Verlag Galiani, Berlin 2011.

Akureyri (Akureyrarkaupstaður)

Akureyri liegt am Ende des 90 km langen Eyjafjörður. Als der Ort 1862 Stadtrechte erhielt, lebten dort kaum 300 Menschen. Heute ist Akureyri Zentrum des Tourismus in Nordisland. Eine Werft, die Konservenfabrik und der Hafen sind die wichtigsten Arbeitgeber.

Hafen
Es gibt drei Liegeplätze und einen Ankerplatz für Schiffe aller Größen. Sie machen an der Oddeyrarbryggja

Die Godafoss-Wasserfälle in Nordisland

Pier nur 1 km vom Stadtzentrum entfernt fest. Der Anleger für die Tenderboote ist in nächster Nähe. Taxis sind nur begrenzt vorhanden und extrem teuer.

Organisierte Ausflüge

Ausflug	Dauer
Besuch des Nonni-Hauses in Akureyri	2,5 Std.
Stadtbesichtigung Akureyri und Goðafoss	3,5 Std.
Goðafoss und Laufás	4 Std.
Mývatn und Goðafoss	5 Std.
Mývaten, Goðafoss und Námaskarð	8 Std.
Siglufjörður und isländische Volksmusik	5,5 Std.
Whale watching in Húsavík	6 Std.
Flug auf die Insel Grímsey	3 Std.

Im alten Stadtteil steht das Nonnahús, (»Nonni-Haus«). Jón Sveinsson lebte ab 1865 hier. Sein bekanntestes Werk sind die Abenteuer von *Nonni und Manni*. Das Wohnhaus der Familie, vor dem auch eine Bronzefigur des Schriftstellers steht, ist als Museum eingerichtet.

Im Botanischen Garten wachsen Pflanzenarten aus zahlreichen Ländern, die sich dem speziellen Klima angepasst haben. Der Garten wurde 1912 als öffentlicher Park angelegt und später von der Stadt erweitert. Die Goðafoss-Wasserfälle beeindrucken durch eine ausgedehnte 12 m hohe Kaskade, die sich vor 8000 Jahren bildete. Im Jahr 1000 soll der Gode Þorgeir die alten Götterbilder in den Wassermassen versenkt und so dem Wasserfall zu seinem Namen verholfen haben. Der Fußweg zur Abbruchkante dauert 15 Min. und gehört zu den besonders beeindruckenden Landschaftsbildern Islands. In einer Ausflugsvariante fahren die Busse zum Wasserfall und im Anschluss zum Museumshof in Laufás (ca. 1850). Mehrere Gebäude, darunter einige aus Torf- und Grassoden, sind zu sehen. Die Kirche gilt als Beispiel der Architektur Islands im 19. Jh. Der Hof war Sitz des Pfarrers und der Verwaltung für mehrere Dörfer.

Die Region Mývatn ist vom Vulkanismus geprägt. Der »Mückensee« ist 37 km² groß und seine landschaftliche Vielfalt bemerkenswert. Rund 3500 Jahre ist er alt und wurde durch Lavaströme stetig verändert, was zahlreiche Krater im See belegen. Er ist maximal 5 m tief und liegt 278 m über dem Meeresspiegel. Im Sommer ist ein Mückenschutz unerlässlich.

In Dimmuborgir (Dunkel Burgen) nahe dem Seeufer vermischte sich vor rund 2500 Jahren Lava mit einem Sumpfgebiet. Während die obersten Schichten schnell erkalteten, floss die Lava unter der Erde weiter. Der Druck öffnete Kamine und Schlote, die durch die Erosion wie Teile von Burgen aussehen.

Nach kurzer Fahrt ist das Hochtemperaturgebiet Námaskarð erreicht. Hier wechseln sich Vulkanseen mit kochenden Solfataren und Schlammlöchern ab. Mineralablagerungen bestimmen das Bild. Besucher dürfen nur auf den ausgeschilderten Wegen gehen, denn der Boden ist kochend heiß und die Erdkruste manchmal sehr dünn.

Im Mai 1724 brachten Eruptionen am Námafjall Asche und Schlacken

Kochendes Schlammloch im Hochtemperaturgebiet Namaskard

hervor. Magma vermischte sich mit dem Grundwasser. Der tiefblaue Víti-Krater hat einen Durchmesser von 320 m und liegt in einer archaischen Landschaft. Seit 1975 ist die Region wieder aktiv, und es wird mithilfe eines Geothermalkraftwerks die entstehende Energie genutzt.

Die Stadt Siglufjörður war ein Zentrum des Heringsfangs. Davon können sich Passagiere im Museum ein Bild machen. Wohlschmeckende Kostproben werden im Rahmen der Veranstaltung angeboten und isländische Tänze und Gesänge in traditionellen Trachten präsentiert.

Die Insel Grimsey am Polarkreis ist nur 2 km lang und 3 km breit. Weniger als 100 Einwohner leben im einzigen Ort der Insel, die als ein El Dorado der Vogelbeobachtung gilt. Nach 20 Min. Flug beginnt die Wanderung zu den Brutkolonien. Bis zu 2 Std. können Papageientaucher, Tordalken und Trottellummen beobachtet werden.

Regelmäßig werden von Akureyri Bootstouren zur Walbeobachtung unternommen. Die Bootsführer sind erfahren im Aufspüren der Meeressäuger, die sich im Sommer zahlreich im Fjord Eyjafjörður einfinden.

Akureyri individuell

Ergänzend lohnt ein Besuch der Kirche (1940). Sie liegt auf einem Hügel und ist ein Werk des Architekten Guðjón Samuelsson, der auch die Kathedrale in Reykjavík erbaut hat. Die Doppelturmfassade erinnert an die Granitsäulen der isländischen Landschaft. Bemerkenswert sind die Buntglasfenster in nordischen Farben und Schiffsmodelle an der Decke.

Akureyri besitzt breite Straßen mit mäßigem Verkehr. Daher lassen sich individuelle Touren sowohl mit einem Mietwagen als auch mit dem Rad leicht verwirklichen.

Akureyri für Radfahrer und Wanderer

Das Fahrrad ist eine gute Alternative für sportliche Gäste. Nach einer

Der Museumshof Lund bei Akureyri

Stadtrundfahrt empfiehlt sich der Weg entlang des Fjords mit herrlicher Aussicht nach Laufás. Die Fahrt hin und zurück ist auf gut ausgebauter Straße rund 60 km lang.

Wer Akureyri in südlicher Richtung verlässt, kommt schnell in eine herrliche Landschaft mit Wiesen, Bächen, schneebedeckten Berggipfeln und einsamen Bauernhöfen. Ziel ist die Landkirche von Grund. Sie wurde im 19. Jh. in romanischem Stil aus Holz gebaut. Den Schlüssel erhält der Besucher im nahegelegenen Bauernhof.

Ein typisches Beispiel einer Torkirche steht in Víðimýri. Seit dem 12. Jh. gab es in dem Ort bereits eine Kirche. Das heutige Gotteshaus entstand 1834. Seine Fassade aus Holz wird flankiert von Wänden aus Torfblöcken. Ein kleiner Friedhof liegt nahe der Kirche, von der aus Besucher einen einzigartigen Blick auf das lang gestreckte Tal genießen können. Die gesamte Radtour ist 40 km lang und stellt nur geringe Anforderungen an die Kondition.

Wanderer sollten ihren Weg entlang des Fjordes in Akureyri suchen, denn die landschaftlichen Eindrücke sind bemerkenswert. Weitere Touren sind aufgrund der großen Entfernungen nur in einer Kombination von Radtour und Wanderung möglich.

Arnarstapi

Der Fischerort liegt auf der Halbinsel Snæfellsnes. Das Dorf war schon im Mittelalter durch die Kabeljaufischerei bekannt.

Hafen

Der Hafen ist nur für kleine Schiffe und Boote geeignet. Es muss getendert werden.

Organisierte Ausflüge

Eine Rundfahrt auf der Halbinsel oder eine Wanderung sind im Ausflugsprogramm ausgeschrieben. Der

Islandpferde sind eine widerstandsfähige Rasse.

Stratovulkan Snæfellsjökull (1446 m) ist das beherrschende Element der Natur mit Lavafeldern, Steilküsten, Wasserfällen und sogar Sandstränden.

Arnarstapi individuell

Für aktive Gäste lohnt eine Wanderung in den Ort Hellnar. Er liegt 3 km entfernt. Unterwegs bieten sich herrliche Aussichten auf das Meer und die Vulkanlandschaft. Sehenswert ist die Holzkirche (1945), es gibt ein Hotel und ein Café. Bizarre Felsformationen erheben sich an der Küste. Manchmal bieten Einheimische kurze Bootsfahrten zu den Höhlen an.

Djúpivogur

470 Einwohner leben in Djúpivogur vom Fischfang und vom Tourismus. Vor mehr als 450 Jahren trieb die deutsche Hanse hier bereits Handel. Das Leben im Ort ist beschaulich und von Traditionen bestimmt.

Hafen

Lediglich kleine Schiffe können an der Pier mit 75 m Länge und einem Tiefgang von 9 m festmachen. Größere Schiffe müssen tendern. Die Gangway ist steil und für Rollstuhlfahrer und Gehbehinderte nicht geeignet.

Organisierte Ausflüge

Ausflug	Dauer
Fahrt zur Jökulsárlón Gletscherlagune	7 Std.
Vogelsafari	4 Std.

Die Fahrt zum Vatnajökull, dem größten Gletscher der Insel, ist abwechslungsreich. Das Ziel ist die Gletscherflusslagune Jökulsárlón. Sie ist mit 248 m der tiefste See Islands und gehört zu den herausragenden Naturschönheiten. Treibeis und Eisberge bis zu einer Höhe von 15 m sind zu sehen. Reizvoll sind die Reflexionen der Wasseroberfläche und die von den Eismassen bedeckten Berge.

Djúpivogur ist bekannt für die Möglichkeit, Vögel zu beobachten. Es wird eine Vogelsafari angeboten. Besonders in den zahlreichen Küstenseen oder in den Wattlandschaften befinden sich die Brutgebiete von Ohrentauchern, Löffelenten, Papageientauchern und Sturmschwalben.

Djúpivogur individuell
In Djúpivogur sind das Handelshaus Langabúð, in dem ein kleines Kunstmuseum untergebracht ist, die Kirche aus Holz und der Blick auf mehrere schön gestaltete Holzhäuser empfehlenswert.

Lohnend ist auch die Insel Papey. Sie liegt 8 km vor der Küste und wird mit Booten von Djúpivogur aus angefahren. Neben einer Brutkolonie von Papageientauchern sind der Leuchtturm und eine Kirche die Attraktionen.

Djúpivogur für Radfahrer und Wanderer
Von Djúpivogur aus können Radfahrer und Wanderer Touren ins Blaue unternehmen, denn sobald der Ort verlassen wird, befindet sich der Reisende in nahezu unberührter Natur. Radfahrer können die Ringstraße Nr. 1 nutzen, Wanderern empfehlen sich Touren zu den Küstenseen oder der Ausflug mit einem Boot nach Papey. Auf der 2 km² großen Insel sind schöne Spaziergänge möglich.

Eskifjörður

Die Schiffsfahrt durch den Fjord ist ein Erlebnis. Eskifjörður wurde 1787 als Handelsplatz erwähnt, heute sind noch immer die Fischerei, aber auch die Fischverarbeitung Haupteinnahmequellen der gut 1000 Einwohner.

Hafen
Kreuzfahrtschiffe ankern im Fjord. Es wird getendert.

Organisierte Ausflüge

Ausflug	Dauer
Spaziergang durch Eskifjörður – treffen Sie die Bewohner	2,5 Std.
Auf den Spuren der Fischer	3 Std.
Abenteuer Vöðlavík Bay	4,5 Std.
Isländische Gedenkstätten des Zweiten Weltkriegs	3 Std.

Der Spaziergang führt zum ältesten Gebäude »Gamlabúð«. Hier befindet sich das Fischereimuseum für Ostisland. Das Haus wurde 1816 errichtet und zeigt Exponate wie Boote, Werkzeuge und Alltagsgegenstände aus zwei Jahrhunderten.
Der norwegische Einfluss auf die Stadtentwicklung lässt sich entlang der Wasserfront und deren bunten Häusern erahnen. Hier treffen die Gäste in einem Wohnhaus auf die Einwohner. Sie berichten von den Schönheiten, aber auch den Schwierigkeiten des Lebens an einem einsamen Fjord in Ostisland.
Auf die Spur der Fischer können sich Besucher in »Randulffs-sjóhúsi« (Randulffs-Meerhaus) begeben. Das Haus erinnert an die Zeit des Heringsbooms im 19. Jh. Der Norweger Peter Randulff ließ hier bis 1930 Heringe verarbeiten. Danach blieb

das Haus 75 Jahre geschlossen, bis es 2008 als Regionalmuseum eröffnet wurde.

Auf einer Offroad-Tour fahren Kreuzfahrtgäste in die einsame Vöðlavík-Bucht durch eine bezaubernde Landschaft. Verlassene Bauernhöfe erinnern an bessere Zeiten und die Probleme, die eine so einsame Lage darstellte. Nach einem Fotostopp am längsten Sandstrand der Bucht wird eine Berghütte besucht, die heute Touristen bewirtet.

Island war im Zweiten Weltkrieg von den Alliierten besetzt. 3000 Soldaten wurden stationiert. Im Ort Reyðarfjörður lassen sich im War Time Museum diese Jahre nachvollziehen. Das alte Kasernengebäude, Geschützstellungen und der Flughafen sind zu sehen. Auch der Friedhof, auf dem sich die Gräber von acht Soldaten befinden, kann besichtigt werden.

Eskifjörður individuell

Ein Spaziergang durch Eskifjörður sollte durch die Besichtigung des Fischereimuseums und einen Aufenthalt entlang der Wasserfront ergänzt werden. Architektonisch bemerkenswert ist die moderne Kirche (2000).

Eskifjörður für Radfahrer und Wanderer

Radfahrern ist eine Tour nach Reyðarfjörður zu empfehlen. Die Route führt zunächst rund um das Ende des Eskifjörður und dann näher oder weiter entfernt von der Küste durch eine einzigartige Bergwelt. Sie gestattet einen Blick zurück in die letzte Eiszeit. Danach folgt sie der Hauptstraße 92 bis Reyðarfjörður, wo vor der Rückfahrt das Wartime Museum besichtigt werden kann.

Radfahrer und Wanderer können Eskifjörður auch Richtung Westen verlassen und gelangen schnell in ein eiszeitliches Trogtal, durch das sich ein Wildwasserbach schlängelt. Auch hier ist die Landschaft eine wirkliche Sehenswürdigkeit. Die Länge der Touren kann leicht der Liegezeit des Kreuzfahrtschiffes angepasst werden.

Grundarfjörður (Grundarfjarðarbær)

Als Handelsplatz war Grundarfjörður im 18. Jh. bekannt. Der Kabeljaufang und der Klippfisch verschafften den Einwohnern etwas Wohlstand, und Franzosen ließen sich als Fischer im Ort nieder. Es entstanden die Kirche, der Friedhof und ein Krankenhaus. Wahrzeichen ist der 463 m hohe Kirkjufell (Kirchberg). Er wirkt wie ein in der Landschaft liegender Amboss. Seine Form erhielt er durch Gletscheraktivitäten während der letzten Eiszeit.

Hafen

Der Hafen verfügt über eine Pier von 230 m Länge. Viele Kreuzfahrtschiffe tendern auch.

Organisierte Ausflüge

Ausflug	Dauer
Höhepunkte von Snæfellsnes	5 Std.

Die Snæfellsnes Halbinsel bietet wilde Natur, Geschichte und Kultur. Der Ausflug führt durch Fischerdörfer. Das Ziel ist der Snæfellsjökull-Gletscher, der durch den Roman *Reise zum Mittelpunkt der Erde* von Jules

Verne bekannt wurde. Im Roman beginnt hier der Abstieg in das Erdinnere.

Rund um Grundarfjörður brüten viele Vogelarten, darunter Eismöwen und Austernfischer. Touren zur Vogelbeobachtung lohnen hier besonders. Der zweite Hafen der Halbinsel, Arnarstapi (Seite 54), liegt 52 km südlich, sodass gleiche oder ähnliche Ausflugsprogramme auch in Grundarfjörður angeboten werden.

Grundarfjörður individuell

Die abgeschiedene Lage des Dorfs gestattet allenfalls einen Spaziergang. Es bietet keine historischen Sehenswürdigkeiten. Für Touren außerhalb von Grundarfjörður wäre ein Mietwagen erforderlich, der am Ort aber nicht verfügbar ist.

Grundarfjörður für Radfahrer und Wanderer

Radfahrer sollten entweder eine Route entlang der spektakulären Küste der Halbinsel Snæfellsnes wählen (Straßen 54 und 574) oder sich in Richtung Arnastapi halten. Die Küstenfahrt ist relativ einfach, während die Strecke über die Halbinsel (Straße 54) Kondition erfordert. Viele Kreuzfahrtschiffe bieten ihren Gästen Fahrräder an, die ausgeliehen werden können.

Für Wanderer lohnt es sich, Grundarfjörður Richtung Westen an der Küste zu verlassen und vorbei am Kirjuvell und seiner fast alpinen Kulisse die Landschaft zu genießen.

Ísafjörður

Ísafjörður hat rund 2500 Einwohner. Zur Zeit der Christianisierung lebten hier bereits Menschen. In der Folge kamen Norweger und schließlich isländische Händler in den Fjord. Klippfisch und Shrimps machten Ísafjörður zu einem Wirtschaftszentrum und lockten Deutsche und Briten in die Westfjorde. 1866 erhielt der Ort Stadtrechte.

Hafen

Kleinere Schiffe werden an einer Pier nahe dem Stadtzentrum festgemacht, größere ankern im Fjord und nutzen ihre Tenderboote.

Organisierte Ausflüge

Ausflug	Dauer
Die Gassen Ísafjörðurs	2 Std.
Leben und Kultur in Ísafjörður	3 Std.
Bootsfahrt durch die Westfjorde	4,5 Std.
Fjorde und Islands Dörfer	3 Std.
Ausflug zur Vogelinsel Vigur	3 Std.
Auf den Spuren der Fischer	3 Std.
Der Geschmack Islands	3 Std.

Im Stadtkern sind Holzhäuser aus dem 19. Jh. erhalten. Das alte Krankenhaus wird als Kulturzentrum genutzt, in einem der ältesten Häuser befindet sich ein Restaurant. Das Meeresmuseum der Westfjorde liegt unweit des Hafens und dokumentiert in einem Gebäude von 1780 den Aufstieg der Stadt zum Zentrum der Shrimps-Verarbeitung.

Das Freilichtmuseum Ósvör zeigt mehrere Fischerhütten mit steinernem

Landschaft am Skutulsfjörður nahe Ísafjörður

Unterbau und hölzernem Giebel sowie grasgedeckte Dächer. Früher war das Leben hier entbehrungsreich. Ausgestellt sind Boote und Fangwerkzeuge. Der orangene Leuchtturm Óshólaviti stammt von 1937.

Bolungarvík ist eines der ältesten Fischerdörfer der Region. Sehenswert ist die Kirche (1908). Die umliegende Landschaft ist von senkrecht abfallenden Bergen bestimmt, die ein Zeugnis der letzten Eiszeit sind. Besonders schön sind der Fluss Buná Tunguá und der blumengesäumte Wasserfall in Tunguskógur.

Der erste botanische Garten Islands in Skrúður wurde 1909 eröffnet. Hier wachsen Pflanzen, die in Island normalerweise nicht zu finden sind.

Das Dorf Flateyri, dessen Haupteinkommensquelle früher der Haifang war, besitzt eine landestypische Kirche. In einem alten Kaufmannshaus wird eine Ausstellung zur Geschichte der Region gezeigt.

Die Bootsfahrt auf die Insel Vigur dauert 45 Min. Die einzige Windmühle Islands (1840), das kleine Postamt und einige Häuser sind sehenswert. Das Ziel sind die Brutkolonien von Papageientauchern, Eiderenten und Seeschwalben.

Ísafjörður für Radfahrer und Wanderer

Radfahrer und Wanderer können in drei verschiedene Richtungen Ísafjörður verlassen und auf den Hauptstraßen ihrem Hobby nachgehen. Fahrräder können in der Stadt ausgeliehen werden. Entlang der Fjorde bieten sich herrliche Landschaftsbilder. Abseits der Hauptstraßen sollte ein Mountainbike verwendet werden, denn die Wege sind unbefestigt, oder es handelt sich besonders nach Regenfällen um schlammige Pisten.

Auch Kombinationen von Rad- und Wandertouren lassen sich rund um Ísafjörður verwirklichen. Die Ausschilderung ist allerdings noch nicht ausreichend.

Für Wanderer lohnt sich der Aufstieg auf den Berg Naustahvilft. Er wurde einer Legende zufolge von Trollen geformt und wird deshalb Trollsitz genannt. Der Weg ist unbefestigt und geht 50 Minuten teils steil ansteigend auf eine Höhe von 225 m. Die Ausblicke auf dem Weg und vom Trollsitz über die Westfjorde und Ísafjörður lohnen die Anstrengung.

Reykjavík / Hafnarfjörður

Als der erste Siedler, Ingólfur Arnarson, in die Rauchbucht kam, gab es nur ein paar Bauernhöfe. Heute ist Reykjavík mit 113 000 Einwohnern eine der angesagtesten Städte Europas. Theater, Galerien, Museen, Kneipen, Restaurants und Open-Air-Events im Sommer machen das Flair der Stadt aus. Aber es gibt auch Holzhäuser aus dem 19. Jh. oder den Elfenbeauftragten, ohne dessen Urteil kein Haus gebaut wird.

Häfen

Kleinere Schiffe liegen im Stadtzentrum am alten Hafen. Maßgeblich wird der Hafen 3,5 km vom Stadtzentrum entfernt genutzt. Die Piers sind bis zu 450 m lang und ein Tiefgang von 12 m ist möglich.

Im modernen Sundahöfn-Hafen ist eine neue Pier entstanden. Hier können zwei Schiffe gleichzeitig festmachen und alle wichtigen Dienstleistungen wie eine Tourist-Information, Telefon, Internetzugang und Geschäfte stehen zur Verfügung.

Der Hafen in Hafnarfjörður wird genutzt, wenn der Andrang von Schiffen in Reykjavík zu groß ist. Es gibt drei gut ausgestattete Anlegestellen, einen großen Portalbereich und Wassertiefen von 11–15 Metern. In beiden Häfen stehen kostenlose Shuttlebusse bereit, um in die Hauptstadt zu gelangen. Die Fahrtzeit beträgt 10 Min.

Organisierte Ausflüge

Ausflug	Dauer
Stadtrundfahrt Reykjavík	3,5 Std.
Panoramafahrt Reykjavík	2,5 Std.
Baden in der Blauen Lagune	3,5 Std.
Golden-Circle-Tour	7,5 Std.
Þingvellir-Nationalpark und Nesjavellir	4 Std.
Mit dem Jeep durch die Natur	4 Std.
Gletschererlebnis mit dem Super-Truck	8 Std.
Rundflug über Gletscher und Vulkane	2 Std.
Walbeobachtung	3,5 Std.
Schnorcheln zwischen den Kontinenten	8,5 Std.
Konzert in der Halgímskirjka	2 Std.
Hafnarfjörður – die Stadt aus Lava	3,5 Std.
Flug zur Insel Heimaey	8 Std.

Im Mittelpunkt der Stadtrundfahrten steht das Freilichtmuseum Árbær. Es ist das größte auf Island. 30 historische Gebäude wurden wieder errichtet und geben einen Eindruck von Geschichte und Architektur.

Vulkanisches Thermalbad in Jardböðin

Die Kirche besitzt ein Grasdach und Paneelen von Torf an den Seiten. Auch die erste Druckerpresse Islands gehört zu den Exponaten.

Das Höfði-Haus (1909) ist das Wahrzeichen der Rauchbucht. Hier trafen sich 1986 Ronald Reagan und Michail Gorbatschow zu Konsultationen. Es ist heute das Gästehaus der Stadt. Das Nationalmuseum bietet eine Sammlung zur Geschichte der Insel in den letzten 1200 Jahren. Religiöse Kunstschätze und der erste isländische Bibeldruck sind zu sehen.

Der Kuppelbau »Perlan« (1991) ist ein Warmwasserspeicher, dessen Architektur die Elemente der nordischen Natur wie das Polarlicht, Eis oder die Geysire aufgreift. Die Wärme kommt aus Bohrlöchern und zeigt, wie sich Naturenergie zum Wohl des Menschen nutzen lässt. Die Aussichtsplattform gestattet einen Blick über die Hauptstadt.

Die Panoramafahrt führt zu den Kratern Rauðhólar von Heiðmörk. Das eisenhaltige Gestein verursacht eine intensiv rote Farbe. Eine Fahrt durch Reykjavík und nach Laugardalur schließt sich an. Das kleine Tal verdankt seinen Namen den heißen Quellen. Hier sind viele Thermalbäder zu finden.

Die Blaue Lagune bei Grindavík liegt in einer Lavalandschaft. Der blau schimmernde Heilwassersee entstand nach 1226 bei vulkanischen Aktivitäten. Er ist mit $2/3$ Salzwasser und $1/3$ Süßwasser gefüllt. Das 40 °C warme mineralhaltige Wasser ist ein Genuss.

Die »Golden-Circle-Tour« verbindet die wichtigsten Sehenswürdigkeiten der Insel in einem Ganztagesausflug. An der Stelle der ersten katholischen Bischofskirche auf Island (gegründet 1056) sind neben den Ruinen des Gutes Skálholt auch die moderne Kirche (1963) zu sehen. Sie besitzt ein großes Altarmosaik und Buntglasfenster von Gerður Helgadóttir. Der Gulfoss ist Islands berühmtester Wasserfall. Er hat zwei Stufen von 11 und 21 m Höhe und stürzt

Strokkur-Geysir im Hochtemperaturgebiet Haukadalur

in eine 2,5 km lange und 70 m tiefe Schlucht. An der Hauptkaskade steht das Denkmal für Sigríður Tómasdóttir. Die Bauersfrau wehrte sich vor 100 Jahren gegen den Bau eines Elektrizitätswerks und wurde zur Volksheldin, nachdem sie gedroht hatte, sich die Fälle hinabzustürzen.

Die Geysire befinden sich im Tal von Haukadalur. Im Zentrum ist der große Geysir. In seiner Nähe befinden sich der »Strokkur« (Butterfass) und heiße Quellen wie Blesi und Konungshver, mit intensiv blauer Färbung. Während der große Geysir nur noch selten ausbricht, schießt aus dem Strokkur alle 7–10 Min. eine riesige Wasserfontäne. Das Areal ist ausgeschildert.

Der Nationalpark Þingvellir (Thingvellir) ist von großer Bedeutung. Hier fanden vom 10. Jh. bis 1798 die gesetzgebenden Versammlungen statt, wurde Gericht gehalten und die Annahme des Christentums beschlossen. Deutlich sichtbar driften die europäische und die amerikanische Platte auseinander. Davon zeugen Schluchten und Risse in der Erdkruste. Das Gebiet ist seit 2004 Weltnaturerbe der UNESCO. Der Weg durch die »Altmännerschlucht« mit Steinwänden und Wasserläufen ist ein einzigartiges Erlebnis.

Den Parlamentsplatz symbolisiert eine Nationalflagge. Sehenswert ist der Ort mit schönen Holzhäusern, einer für Hochzeiten genutzten Kirche und einer weiteren geologisch interessanten Verwerfung.

Alternativ wird der Nationalpark auch mit dem Besuch des Hochtemperaturgebiets Nesjavellir angeboten. Außer Schlammquellen und Fumarolen ist das zweitgrößte geothermische Kraftwerk Islands zu sehen.

Eine Ausflugsvariante hat Þingvellir und den Langjökull, Islands zweitgrößten Gletscher, als Ziel. Mit einem Super-Truck geht es durch eine spektakuläre Eiswüste. Vor der Rückfahrt ist der Barnafoss-Wasserfall zu sehen.

Blick in die Kontinentalspalte in Þingvellir

Durch einen Engpass im Fels entstehen gewaltige Stromschnellen.

Die Off-Road-Route führt mit einem Jeep in das Vulkansystem Hengill, das bis zu 800 m hoch ist. Es gibt geothermale Kraftwerke, die den Süden der Insel mit Energie versorgen. Der Gebirgspass Thrastalundur (Þrastalundur) bietet einen weiten Blick auf die Landschaft. Vorbei an Explosionskratern und Aschehügeln wird Hveragerði erreicht, wo aus Erdwärme Energie erzeugt wird. Auf den Straßen und in den Gärten steigt Dampf auf und belegt die vulkanische Aktivität unter der Erdoberfläche.

Walbeobachtungen in der Bucht vor Reykjavík ermöglichen mit etwas Glück die Sichtung von Minkwalen, Orcas oder Finnwalen.

Island wird nur selten mit Schnorcheln in Verbindung gebracht. In Silfra, der Spalte zwischen den Kontinentalplatten, lockt kristallklares Wasser mit sehr guter Unterwassersicht. Gäste werden mit wärmenden Trockentauchanzügen ausgestattet und können sich eine Stunde im 2–4 °C kalten Wasser vergnügen.

Auch Rundflüge werden angeboten. Mit Kleinflugzeugen sieht man imposante Bergketten, weiße Gipfel, Tafelberge, Vulkane und Krater. Der Blick auf den Vulkan Eyjafjallajökull, der 2010 ausbrach und den Flugverkehr lahmlegte, sowie die Gullfoss-Wasserfälle machen den Flug zu einem Erlebnis.

Reykjavíks kulturelle Seite bietet sich bei einem Konzert in der Halgrimskírkja. Die innen weiße Kathedrale mit großen Fenstern ist im Sommer abends von der Sonne durchflutet.

Wenn das Schiff in Hafnarfjörður festgemacht hat, beginnt der Ausflug in die Umgebung. Sehenswert sind der alte Leuchtturm (1900), die Hafnarfjarðarkírkja (1908) und die moderne Musikschule. Danach lohnt der nördlichste Bonsaipark der Welt in Hellisgerði. Hier sind fast 150 Exemplare der kleinen Bäume zu sehen.

Krýsuvík ist eine Gegend mit geothermischen Aktivitäten und außergewöhnlichen Naturschönheiten. Spannend sind die steilen Klippen im Süden von Krýsuvík am Krýsuvíkurberg. Bei einem mehrtägigen Aufenthalt in Reykjavík wird auch ein Flug auf die Insel Heimaey der Westmännerinseln (Seite 67) angeboten.

Reykjavík individuell

Die Ziele in der Stadt sind zu Fuß oder mit öffentlichen Bussen erreichbar. Der zentrale Busbahnhof Hlemmur liegt in der Laugavegur, der Einkaufsstraße der Stadt. Die Reykjavik Welcome Card gewährt unbegrenzten Zugang zu den Bussen der 44 Buslinien für 24 oder 36 Std.

Für Fahrten nach Þingvellir, Gulfoss oder zu den Geysiren empfiehlt sich ein Mietwagen, der vor der Reise gebucht werden sollte. Taxis können für einen ganzen Tag gemietet werden. Die Kosten hierfür variieren, können aber um 300 Euro betragen. Bei vier Mitfahrern lohnt sich auch diese Beförderungsart.

Reykjavík für Radfahrer und Wanderer

Zahlreiche Rad- und Wandertouren sind selbst in der Stadt interessant, denn Reykjavík liegt sehr schön an der Rauchbucht. Am besten folgen Radfahrer der Küstenstraße in Richtung Altstadt. Vorbei am Wikingerdenkmal, an der Hallgrimskirche, dem Rathaus am Tjörnin-See und der Universität führt die Route entlang des Uferradweges zum Strand von Nauthólsvík. Ein Bad lohnt unbedingt, denn das Meerwasser wird durch einen Warmwasserzustrom erwärmt. Der Warmwasserspeicher Perlan ermöglicht eine Pause, bis die Fahrt ins Elliðaár-Tal und entlang des schönen Lachsflusses zu einem Wasserfall fortgesetzt wird. Der botanische Garten und der Laugardalur-Park sind weitere Stationen auf dem Weg zurück zum Hafen.

Liegt das Schiff über Nacht in Reykjavík, dann ist die »Golden Circle Tour« für Radfahrer ein Höhepunkt. Das Unternehmen Reykjavík Bike Tours bringt seine Kunden mit dem Auto zu den Geysiren, dem Gullfoss-Wasserfall und nach Þingvellir. Von hier folgen 30 km auf den Fahrrädern. Ebenfalls im Angebot ist eine Tour in der Mitternachtssonne entlang der Küste Reykjavíks.

Für Wanderer lohnt sich die nicht ganz einfache Route auf die Esja. Der Berg ist 914 m hoch und ein beliebtes Sommerziel der Einheimischen. Der Weg ist gut ausgeschildert und beginnt am Café Esjustofa. Wildblumenwiesen wechseln sich ab mit Wasserläufen und Waldgebieten. Schwierig ist vor allem das letzte Stück auf den Gipfel des Berges, der nicht selten in Wolken gehüllt ist. Bei freier Sicht ist ein Rundumblick der Lohn für die Anstrengung.

Das wildromantische Hinterland Reykjavíks

Der Myvatn-See in Nordisland

Seyðisfjörður

Die Stadt mit ihren 25 Wasserfällen liegt am Ende des gleichnamigen Fjords. Reizvoll ist der Blick auf die beiden Hausberge. Die Ursprünge von Seyðisfjörður reichen in die Zeit der Landnahme zurück. Erst 1848 wurde die Gegend durch norwegische Fischer besiedelt. Aus dieser Zeit stammen viele der historischen Gebäude.

Hafen
Der Hafen verfügt über ein modernes Kreuzfahrt- und Fährterminal mit zwei Liegeplätzen rund 1 km vom Stadtzentrum entfernt.

Organisierte Ausflüge

Ausflug	Dauer
Die Seele von Seyðisfjörður	3 Std.
Historisches Seyðisfjörður	2 Std.
Landschaftsfahrt nach Egilsstaðir, Breiðdalsvík und Reyðarfjörður	6 Std.
Hochseeangeln	6 Std.

Der Stadtrundgang beginnt mit dem 500 m langen, etwas steilen Aufstieg zur Klangskulptur Tvisongur des deutschen Künstlers Lukas Kühne. Fünf 2–4 m hohe Kuppeln haben unterschiedliche Resonanzhöhen, basierend auf der isländischen Fünfton-Musik. Die Konstruktionen verstärken die Geräusche der Natur und erzeugen seit ihrer Einweihung am 5. September 2012 fast mystische Klänge.

Zurück in der Stadt wird das technische Museum für Ostisland (1984) besichtigt. Gezeigt wird die stetige Entwicklung von Seyðisfjörður seit 1880. Hier kam das erste 1906 verlegte Unterseekabel an, und Seyðisfjörður wurde die erste voll elektrifizierte Stadt Islands.

Seyðisfjörður wurde zum schönsten Dorf Islands gekürt. Ein Rundgang führt an der Kirche vorbei, die durch ihre Lage am Fuß des Bergmassivs und die außergewöhnliche blaue Farbgebung beeindruckt.

Nach Egilsstaðir geht es vorbei an Wasserfällen und durch eine Heidelandschaft an den See Lagarfljót. Hier soll ein Seeungeheuer hausen. Durch die herrliche Landschaft eines langgestreckten Tals mit dem größten Wald Islands führt die Tour nach Breiðdalsvík mit grasbedeckten Häusern und geht dann nach Reyðarfjörður. Der Fjord ist mit 30 km der längste der Ostfjorde. 1995 wurde das isländische Kriegsjahre-Museum gegründet. Es beleuchtet die turbulenteste Epoche der isländischen Geschichte des 20. Jh.

Lohnend sind Hochseeangeltouren mit einheimischen Fischern. Die Angelausrüstung wird gestellt, und die Fahrten sind der Liegezeit angepasst.

Seyðisfjörður individuell

Die Entfernungen in Seyðisfjörður sind gering, sodass Gäste ihr eigenes Programm planen können. Interessant ist das Kunstzentrum Skaftfell. In einem historischen Gebäude (1907) gründete 1998 eine Gruppe von Künstlern die Sammlung, um für moderne Kunst in Island mehr Raum zu schaffen und sie ins Bewusstsein der Menschen zu rücken.

Seyðisfjörður für Radfahrer und Wanderer

Der Fjord Seyðisfjörður bietet zahlreiche Radfahr- und Wandermöglichkeiten von 1–3 Std. Dauer. Reizvoll ist die Route entlang des Tales Vestdalur. Ein Aufstieg erfolgt ab Háubakkar in unmittelbarer Nähe von Vestdalsmöl. Dann folgen die Wanderer dem Fluss Vestdalsá ab Vestdalseyri. Eine andere interessante Route führt am Fluss Sörlastaðaá entlang. Radfahrern ist eine Fahrt nach Egilsstaðir auf der Straße Nr. 93 zu empfehlen. Die Landschaft ist abwechslungsreich und die Strecke nicht sehr anspruchsvoll. Überall rund um Seyðisfjörður befinden sich schöne Täler. Eine Fahrt ins Blaue ist spannend und ermöglicht viele interessante Entdeckungen.

Siglufjörður

Siglufjörður ist die nördlichste Stadt Islands und entstand Ende des 19. Jh. Ihre Geschichte ist mit der Fischerei verbunden. Nach dem Ende des Heringsfangs verlor der Ort seine Bedeutung und lebt heute erneut vom Fischfang und vom Tourismus.

Hafen

Seit 2002 besuchen Kreuzfahrtschiffe den Hafen. Sie liegen auf Reede, und es muss getendert werden.

Organisierte Ausflüge

Ausflug	Dauer
Spaziergang und Heringsmuseum	2 Std.
Fahrt durch den Fjord	2 Std.

Steilküste mit Brutkolonien auf den Westmännerinseln

Im Ort ist kaum noch Historisches erhalten. In den drei Gebäuden des Heringsmuseums können Besucher die Atmosphäre, aber auch etwas Wohlstand erahnen, den der Heringsfang nach Siglufjördur brachte. Zu sehen sind u. a. Alltagsgegenstände der Fischer.

Die malerischen Fjorde der Umgebung sind ein lohnendes Ziel für Bootstouren. Es geht nach Heðinsfjörður. Der unbewohnte Fjord ist umgeben von den majestätischen Bergen der Halbinsel Tröllaskagi.

Siglufjördur individuell

Die Liegezeit der Schiffe ist meist nur kurz. Eigene Ausflugsprogramme lassen sich nicht ohne einen Mietwagen realisieren. Lediglich ein kurzer Spaziergang durch den Ort oder entlang des Fjords ist möglich.

Vestmannaeyjar (Westmännerinseln)

Die 14 Inseln und mehrere Dutzend Schären sind 100 000 Jahre alt und liegen im Süden Islands. Sie werden bis heute von einem submarinen Vulkansystem gebildet. Es kommt immer wieder zu Eruptionen. Von 1963–1967 erhob sich die Insel Surtsey aus dem Ozean. Sie ist heute nur Forschern zugänglich.

Hafen

Schiffe liegen vor der Hauptstadt Heimaey auf Reede. Es wird getendert.

Organisierte Ausflüge

Ausflug	Dauer
Inselrundfahrt Heimaey	3,5 Std.
Küstenfahrt mit dem Boot	2 Std.

Die Küste der Westmännerinseln

Die Inselrundfahrt beginnt mit einem Rundgang durch die Inselhauptstadt. Zu sehen sind die Festung Skansinn (1515) und die Stabkirche. Sie entstand als Kopie der Kirche von Haltdalen/Norwegen (2000) und kam per Schiff nach Heimaey. Auch die Kirche Landakirkja (1573) lohnt den Besuch, ebenso einige der beim Vulkanausbruch mit Asche bedeckten Häuser.

Die vulkanischen Aktivitäten auf den Inseln kann der Besucher am besten an den Bergen Eldfell und Helgafell beobachten, sie werden mit dem Bus erreicht. Interessant ist ein Fotostopp an einer der Brutkolonien von Papageitauchern.

Die Bootstour entlang der Küste führt in Grotten und zu Steilwänden, wo auch Trottellummen und Tölpel brüten.

Vestmannaeyjar individuell
Für Individualreisende ist lediglich ein Stadtrundgang in Hemaey empfehlenswert, denn die mitunter abweisende und abseits der Wege nicht ungefährliche Natur lässt nur wenig Spielraum für eigene Planungen. Radfahrer und Wanderer können auf ausgeschilderten Wegen Touren unternehmen.

Wochenendhaus in spektakulärer Lage auf den Westmännerinseln

Blick auf den Geirangerfjord in Westnorwegen

> **!** Tipps zu besonderen Sehenswürdigkeiten beim Einlaufen in die norwegischen Häfen finden Sie in der Tabelle auf Seite 141.

NORWEGEN

LESETIPP

Mit seinem Roman *Hunger* gelang dem norwegischen Autor Knut Hamsun im Jahre 1890 der Durchbruch (List, Berlin 2010). Noch heute bietet dieser Klassiker ein grandioses Leseerlebnis.

Den Roman gibt es auch als außergewöhnliches Hörbuch: Mit 38 Jahren las ihn nämlich der legendäre Oskar Werner 1960 für den Süddeutschen Rundfunk. Diese Lesung erschien 2009 im Hörbuch Hamburg.

Ålesund

Ein Feuer zerstörte 1904 rund 800 Häuser der Stadt. Der deutsche Kaiser Wilhelm II. schickte Hilfsgüter nach Ålesund, der Wiederaufbau im Jugendstil brachte das heute einzigartige Stadtbild hervor.

Hafen

Kreuzfahrtschiffe liegen an der Stornespiren / Prestebrygga inmitten des Stadtzentrums. Es sind nur wenige Minuten zu den Sehenswürdigkeiten. An der Waterfront sind Geschäfte und Souvenirläden.

Organisierte Ausflüge

Ausflug	Dauer
Stadtbesichtigung	3 Std.
Inseln Giske und Godøya	3 Std.
Trollstigen und Trollwand	7 Std.
Überlandfahrt nach Geiranger	8 Std.
Ålesund und Freilichtmuseum Sunnmøre	3 Std.
Norwegens größtes Aquarium und Aksla	3 Std.

Ålesund – Norwegens Stadt des Jugendstils

Die Stadtrundfahrt beginnt am Borgundfjord. Im Volkskundemuseum Sunnmøre sind 30 Gebäude aus alter Zeit, Boote und Ausrüstungsgegenstände der Fischer zu sehen, die belegen, wie Norwegen vor Jahrhunderten aussah. Der Hausberg Aksla ist nur 189 m hoch, aber bietet einen einzigartigen Rundblick über die Stadt.

Varianten der Stadtrundfahrt zeigen das größte Aquarium Norwegens. Auf über 4000 m² ist die Vielfalt der Fauna des Nordmeers zu sehen. Bemerkenswert sind das Atlantikbecken und der Atlantik-See-Park.

Ein Stadtrundgang mit Führer zeigt im Detail die Schönheit der Architektur aus den Jahren 1904 bis 1909. Bemerkenswert sind die alte Apotheke (1907) und mehrere Häuser mit figürlichem Fassadenschmuck. Im 12. Jh. ließen sich wohlhabende Kaufleute auf Giske nieder und gaben der Insel ihren Namen. Die Kirche (1150) ist die einzige Marmorkirche Norwegens und wurde ursprünglich als private Kapelle für die Adelsfamilie Arnungeætta gebaut.

Auf Godøya ist der Leuchtturm in Alnes (1876) sehenswert. Von seiner Spitze hat man einen atemberaubenden Blick auf das Dorf und die Küste. Im Turm sind eine Kunstgalerie und das historische Museum untergebracht.

Beliebt ist die Überlandfahrt von Ålesund nach Geiranger vorbei am Romsdalsfjord, der Trollwand und dem Trollstigen (Seite 76). Der Ausflug wird in Richtung Valldal fortgesetzt, bevor die Busse in Linge den Storfjord überqueren. Über die Adlerkehre mit herrlichen Aussichten auf den Fjord endet die Landschaftstour in Geiranger (Seite 86).

Ålesund individuell

Wer eigene Unternehmungen plant, sollte seinen Rundgang um den Besuch im Jugendstilzentrum ergänzen. Der Eingang erfolgt durch die alte Apotheke und gleicht einer Zeitreise in die Tage vor dem Stadtbrand. Die Hintergründe des Wiederaufbaus, die Besonderheiten des Jugendstils und die Weiterentwicklung in Kunst, Design und Architektur werden dort beleuchtet. Die Kirche (1909) besitzt einen Chorraum mit Mosaiken und Glasfenstern. Eines zeigt als Dank an Kaiser Wilhelm II. sein kaiserliches Wappen.

Eine individuelle Tour auf die vorgelagerten Inseln Giske, Godøya oder Hessa ist mit öffentlichen Bussen möglich, die regelmäßig verkehren.

Ålesund für Radfahrer und Wanderer

Die Landschaft rund um die Stadt ist ein ideales Revier für Rad- und Wandertouren. Viele Reedereien bieten daher mittlerweile geführte Touren an. Erfahrene einheimische Wanderführer sind vor Ort, oder es kommen bordeigene Räder oder auch E-Bikes zum Einsatz. Wer allein unterwegs sein möchte, dem empfiehlt sich ein Spaziergang durch die Innenstadt zum Stadtpark am Fuß des Berges Aksla. Hier steht die Statue des Wikingerfürsten Gange-Rolv (Rollo), der auf Giske geboren worden sein soll. Er war ein Vorgänger des ersten englischen Königs Wilhelm des Eroberers.

Ein Denkmal in Form eines Obelisken erinnert an die Hilfe des deutschen

Kaisers Wilhelm II. nach der Brandkatastrophe Anfang des 20. Jhs. Die Wanderung führt über 418 Stufen hinauf auf den Hausberg Aksla, wo sich neben dem Aussichtspunkt auch das Denkmal für den Heimatschriftsteller Kristofer Randers (1951 errichtet von Arnold Haukeland) befindet.

Mit dem öffentlichen Bus oder auch mit dem Fahrrad können Reisende auf die Insel Hessa gelangen. Es lohnt sich die Wanderung entlang schmaler, steiler Wege. Nach etwa einer Stunde haben Sie den Gipfel des Berges (304 m ü. M.) mit fantastischer Aussicht auf Ålesund, den Borgundfjord und die Sunnmørsalpen erreicht. Der Fußweg ist etwa 3 km lang und teilweise uneben. Festes Schuhwerk und eine gute Kondition sind Voraussetzung für die Teilnahme.

Radtouren sind auf den Inseln und auch entlang der Küstenstraße interessant und lohnen durch ihre immer wieder neuen landschaftlichen Schönheiten und die rasch wechselnden Eindrücke farbenfroher Häuser am Fjordufer und zahlreicher Buchten. Das Büro der Touristeninformation in Ålesund hält Karten und Routenbeschreibungen bereit.

Alta

In der größten Stadt der Finnmark wurde im 19. Jh. das erste Nordlichtobservatorium gebaut, was ihr den Namen »Stadt des Nordlichts« einbrachte. Nach der Zerstörung im Zweiten Weltkrieg ist Alta eine moderne Stadt.

Hafen

Die Bukta Pier liegt 4 km von der Innenstadt entfernt. Mit dem Shuttlebus oder öffentlichen Verkehrsmitteln ist sie leicht zu erreichen. Ein Kreuzfahrtterminal existiert nicht. Nur wenige Taxis sind verfügbar.

Die Mitternachtssonne nördlich des Polarkreises

Organisierte Ausflüge

Ausflug	Dauer
Höhepunkte Altas	4 Std.
Panoramafahrt durch Alta	2 Std.
Staudamm und Energieanlage des Alta-Canyons	3,5 Std.
Samische Kultur und prähistorische Felszeichnungen	3 Std.
Tirpitz-Museum, Kåfjord und Nordlichtkathedrale	3,5 Std.
Besuch bei den Huskies	2 Std.
Bootssafari auf dem Alta-Fluss	2 Std.

Die Panoramafahrt durch Alta zeigt die wichtigsten Gebäude. An ihrem Ende ist als einziger Fotostopp die Besichtigung der Kathedrale vorgesehen. Die Architektur der Nordlichtkathedrale nimmt die Bewegungen des Nordlichts auf. Die Kirche wurde am 10. Februar 2013 geweiht. Von einem dänischen Team stammen Architektur (schmidt hammer lassen architects) und Innenausstattung (Peter Brandes).

4,5 km vor der Stadt bei Hjemmeluft befindet sich das Alta Museum. 1967 wurden hier prähistorische Felszeichnungen entdeckt, die zum Weltkulturerbe der UNESCO gehören. Nach einer Einführung im Alta Museum folgt im Außenbereich die Besichtigung einiger der 3000 rötlichen Figuren. Zwischen 4200 und 500 v. Chr. war hier ein kultischer Versammlungsort der Jäger und Sammler. In einer Siida der Samen haben sich viele Familien mit ihren Zelten wie früher zusammengeschlossen, um gemeinsam zu jagen und das tägliche Leben zu bestreiten. Hier können Reisende Rentiere beobachten und an einer traditionellen Kaffeetafel Platz nehmen.

Nach 40 Min. Busfahrt ist der Sautso-Canyon erreicht. Er ist 12 km lang und mit bis zu 420 m Tiefe die größte Schlucht Nordeuropas. Eine Führung im Berg vermittelt Wissenswertes über das Kraftwerk und über den 110 m hohen Damm, der fantastische Ausblicke auf den Canyon gestattet. Über das Finnmarksvidda-Bergplateau geht es zurück nach Alta.

In Alta werden Schlittenhunde auf Husky-Farmen gehalten. Man kann dort Interessantes über die Lebensweise der Huskys erfahren.

> **TIPP**
>
> Es lohnt sich, den Lachsfluss Alta-elva mit traditionellen Holzbooten zu befahren, die Kayaks ähneln. Die Fahrt dauert 25 Min. und wird entweder von der Reederei organisiert oder kann im Büro der Tourist-Information erfragt werden.

Alta für Radfahrer und Wanderer

Viele Kreuzfahrtschiffe bieten ihren Gästen Fahrräder zum Ausleihen an. Auch in Alta können Fahrräder geliehen werden. Die Fahrradtour durch die Stadt führt immer am Altaelva-Fluss entlang. Die Felszeichnungen oder die Nordlichtkathedrale sollten in den Pausen besichtigt werden.

Anspruchsvoller ist eine Tour durch die Natur der Finnmark. Sie führt

über Kronstad und entlang des Flusses Fallijoki. Abseits der Straßen geht es über Pisten bergauf, was mit sehr schönen Aussichten belohnt wird. Die Strecke ist rund 30 km lang und in fünf Stunden zu bewältigen.

Auch Wanderer haben in und um Alta zahlreiche Möglichkeiten. Reizvoll ist die Wanderung auf den Komsafjell. Er ist mit 213 m der höchste Berg in Alta. Der steile Weg nach oben dauert knapp eine Stunde. Das Naturerlebnis ist aber besonders intensiv, und die Ausblicke auf die Stadt und die Fjorde sind unvergesslich. Festes Schuhwerk ist unverzichtbar.

Åndalsnes

Durch die Raumabahn kamen ab 1924 immer mehr Besucher nach Åndalsnes, das heute rund 2000 Einwohner hat. Es ist Ausgangspunkt für Berg- und Landschaftstouren ins Romsdal.

Hafen

Es gibt zwei Liegeplätze. Die Pier am East Quay ist 158 m lang, die Wassertiefe beträgt 9–14 m. Der Ponton ist 48 m lang mit einer Tiefe von 8,5–12 m. Beide Piers befinden sich nahe dem Stadtzentrum.

Organisierte Ausflüge

Ausflug	Dauer
Romsdalsfjord und Rødven Stabkirche	3 Std.
Trollstigen und Romsdalsalpen	3 Std.
Valldal, Trollstigen und Trollwand	7 Std.
Romsdalbahn und Romsdal	4,5 Std.

Der Romsdalsfjord wird von Bergen bis zu 1800 m Höhe umgeben. Die Landschaftsfahrt führt zur Stabkirche Rødven (1200). Sie besitzt diagonale Stützen. Die Inneneinrichtung

Der Trollstigen ist eine der berühmtesten Bergstraßen Europas.

(17. Jh.) beeindruckt durch das lebensgroße gotische Kreuz, eine Marmorplatte (12. Jh.) und das Altarbild (1715).

Die Trollstigen-Fahrt führt durch das Romsdal mit zahlreichen Wasserfällen. Über die Sogge-Brücke erreichen die Busse das Romsdalshornet (1550 m), eines der Wahrzeichen Norwegens. Die Trollwand ist mit 1000 m Europas höchste Steilwand. Nahe dem Trollstigen lohnt der Ausblick auf den Stigfossen, der 320 m in die Tiefe stürzt. Die elf Serpentinen der Straße entstanden bis 1936 und gelten als Meisterwerk des Straßenbaus. An ihrem Ende eröffnet sich ein fantastischer Ausblick.

Der Weg ins Valldal liegt entlang des Innfjords und endet im gleichnamigen Ort, der für seine Rosenmalerei bekannt ist. Über Måndalen und Vågstranda, wo die nördlichste Austernfarm Norwegens besucht wird, geht es über Skorgedalen nach Ørskogfjellet. Die Landschaftsfahrt folgt dem Storfjord nach Sjøholt. Im Stordal steht eine oktogonale Kirche (1789) mit reichem Schnitzwerk und schmuckvollen Rosenmotiven. Die Gudbrand-Schlucht ist 5 m breit und bis zu 25 m tief. Ein Mann namens Gudbrand wollte der Sage nach mit seiner Braut fliehen, rettete sich vor seinen Verfolgern durch einen Sprung über die schmalste Stelle der Schlucht und lebte den Rest seines Lebens als Vogelfreier in einer Steinhütte.

Åndalsnes ist die Endstation der Raumabanen. Ein Teil der Eisenbahnlinie wird in einem Ausflug zurückgelegt. Zu sehen ist der Lachsfluss Rauma, die Gebirgslandschaft und der Lesjaskog-See. Auf der Kylling-Brücke aus Natursteinen bietet sich ein atemberaubender Blick in den Canyon, dessen Grund in 55 m Tiefe liegt. In Bjorli (574 m) wird die Fahrt zur Trollwand mit Bussen fortgesetzt.

Åndalsnes individuell

Åndalsnes bietet keine Sehenswürdigkeiten, sie liegen in der Umgebung. Für Individualreisenden ist ein Mietwagen empfehlenswert, die Fahrt auf dem Trollstigen mit den sehr engen Kurven erfordert allerdings Erfahrung.

Åndalsnes für Radfahrer und Wanderer

Rad- und Wandertouren entlang des Isfjords sind durch die besonders alpine Landschaft ein Erlebnis. Bis zur Stabkirche in Rødven sind es 32 km. Sie ist in einer wenig anspruchsvollen Fahrt zu erreichen. Für Wanderer lohnt sich der Weg entlang des Flusses Rauma durch das Tal in Richtung Trollwand. Radfahrer können auf der Reichsstraße 63 in Richtung Trollstigen fahren. Die Strecke ist 18 km lang und im Sommer von zahlreichen Bussen und Campingwagen bevölkert. Die Fahrt über die Serpentinenstraße mit Steigungen von 12–14 % ist sehr anstrengend und wegen der Enge und des Verkehrs nicht ungefährlich.

Arendal

In Arendals Stadtteil Tyholmen

Im 14. Jh. lebte Arendal vom Holzhandel, 1723 erhielt es Stadtrechte. Fortan wurde Eisenerz aus dem Hinterland exportiert und der Ort wurde größer. Arendal kontrollierte schließlich über 350 Schiffe und besaß 1939 die viertgrößte Tankerflotte im Land.

Hafen

Die Liegeplätze Batterikaien und Hotelkaien sind spektakulär und nur wenige Meter vom Hafenbecken (Pollen) entfernt. Restaurants, Cafés und Geschäfte befinden sich in unmittelbarer Nähe. Es gibt einen Willkommensservice und einen Souvenirverkauf.

Organisierte Ausflüge

Ausflug	Dauer
Spaziergang durch Arendal	2 Std.
Tvedestrand und Næs Eisenwerkmuseum	3 Std.
Grimstad	3 Std.
Setesdal Mineralienpark	7 Std.
Im Schärengürtel und rund um die Insel Hisøy	2,5 Std.

Der Stadtteil Tyholmen hat mehrere Brände überstanden und vermittelt während eines Spaziergangs einen Eindruck, wie norwegische Städte früher aussahen. Die neogotische Dreifaltigkeitskirche (1885–1888) gehört zu den größten Kirchen Norwegens. Die Darstellung der Heiligen drei Könige (1620) eines unbekannten Antwerpener Künstlers ist beeindruckend.

Die ältesten Häuser in den Gassen Tyholmens gehen auf das 16. Jh. zurück. Sehenswert ist das Kløckers Haus mit dem Stadtmuseum (Bymuseum), das einen guten Einblick in das Leben der wohlhabenden Bürgerfamilien des 19. Jh. gibt. Das alte Rathaus »Kalleviggården« wurde von einem Kaufmann 1813–1815 erbaut. Seit 1844 gehört es der Stadt. Es ist das höchste Holzhaus und das zweitgrößte Gebäude im Empirestil in Norwegen. Im Innern befinden sich der Festsaal und die Porträtsammlung bedeutender Bürger der Stadt. Der Rückweg zum Hafen

Der neogotische Innenraum der Dreifaltigkeitskirche Arendal

Blick auf die Küste von Arendal

führt mit herrlichen Ausblicken auf die vorgelagerten Inseln am Wasser entlang.

Ein Ausflug informiert über den Erzabbau. Durch den malerischen Küstenort Jærnes geht es nach Næs mit dem Gebirgsbach und dem Eisenwerkmuseum. Das Werk seit 1574 in Arendal ansässig, wurde 1665 nach Næs gebracht, wo es bis 1959 in Betrieb war. Maschinen und Werkzeuge aus drei Jahrhunderten sind zu sehen. Die idyllische Ortsmitte von Tvedestrand besitzt verwinkelte und mitunter steil ansteigende Gassen mit dem schmalsten Haus Norwegens am Kreuzungspunkt zweier Straßen. Der Ausflug endet mit einer Fahrt entlang der Nordseerouten-Panoramastraße.

Grimstad ist die Heimat der norwegischen Schriftsteller Henrik Ibsen und Knut Hamsun. In der Östregate befindet sich die Ibsen-Apotheke, wo der spätere Dramatiker Apothekerlehrling war. Die Einrichtung (1837), die Wohnräume, die Briefe Ibsens sowie Gemälde werden gezeigt.

In Grimstad sind die Holzhäuser aus Ibsens Zeit sehenswert. Nach dem geführten Rundgang sind eigene Unternehmungen möglich. Der Rückweg entlang des Küstenstreifens über Risør zeigt malerische Dörfer und unberührte Natur.

Erstes Ziel der Ganztagestour nach Setesdal ist nach einer Rundfahrt durch Arendal das seenreiche Hinterland. Der Mineralienpark Setesdal liegt in einem ausgedehnten Bergbaugebiet, wo seit 1880 Quartz und Feldspat gefördert werden. Die Besichtigung durch den 175 m langen Stollen zeigt bemerkenswerte Gesteinsformen. Zahlreiche Exponate zur Geschichte des Bergbaus in Südnorwegen sind zu sehen. Im Anschluss lohnt der Besuch von Lillesand mit seinem Hafen am Skagerrak und den zierlichen Holzhäusern der rund 800 Einwohner.

Hisøy war früher durch seine alten Herrschafts- und Kapitänshäuser die vornehmste Insel in Arendal. Die Bootstour, vorbei an der Insel Merdø mit Sandstränden und den typischen Sørland-Häusern, führt durch die Schärenlandschaft, erreicht dann das offene Meer und die beiden Leuchttürme Lille und Store Torungen (1843). Der Rückweg erfolgt durch den Galtesund und den Fluss Nidelv

Arendal individuell

Ergänzend zum Stadtrundgang kann, 800 m nördlich von Tyholmen, das Aust-Agder Museum im Hof Langsægård (1858) besucht werden, dessen Hauptgebäude als Villa im Schweizer Stil erbaut wurde. Archäologische Sammlungen, eine Ausstellung zur Geschichte der Seefahrt sowie religiöse Exponate sind zu sehen.

Den Hafen von Pollen verlassen regelmäßig Fährschiffe in Richtung Merdø (30 Min.). Die Insel ist 2,4 km lang und 1,2 km breit. Sehenswert sind alte Kapitänshäuser, Strände und das Merdøgaard Museum in einem Sørlandet-Küstenhof mit Schifferhaus (1736) und eigenem Strand. Die Inneneinrichtung stammt aus dem frühen 19. Jh. Auf Merdø sind schöne Spaziergänge auf ausgeschilderten Wegen möglich.

Arendal für Radfahrer und Wanderer

Wandern und Radfahren in Arendal lohnen schon wegen der Naturschönheiten.

Empfehlenswert ist die Insel Tromøy. Man erreicht sie nach 45 Minuten und 25 km Wegstrecke auf der Küstenstraße 410. Über Eydehavn und die fotogene 39 m hohe Tromøybrücke geht es links Richtung Kongshavn und Tromøy-Kirche. Sie wurde um 1150 erbaut und ist heute eine gelungene Symbiose aus romanischem Mauerwerk und nordischer Holzarchitektur. Viele Inselhöfe und Waldgebiete bestimmen das Bild der Insel auf dem Weg auf die Landzunge der Festivalstadt Hove. Nun folgt die Route der Hauptstraße in Richtung Rævesand. Schmale Wege, kleine Sunde und fantastische Aussichten auf andere Inseln und das Stadtzentrum lohnen diesen Weg. In Skilsø erreichen die Radfahrer die Fähre zur Stadt.

Wanderer haben bereits rund um Arendal viele ausgeschilderte Wege zur Verfügung, aber auch die Inseln Merdø und Tromøy lohnen einen Abstecher. Die Fährschiffe auf beide Inseln verkehren im Sommer regelmäßig. Das ermöglicht Kombinationen aus Boots- und Wandertouren. Das Hove-Gebiet auf Tromøy lockt mit Sandstränden zum Sonnenbaden im Norden. Im Süden liegt Spornes mit seinen Geröllstränden aus der letzten Eiszeit und Wanderwegen in wildromantischer Landschaft. Wer seine Tour vorab plant, kann ohne Zeitverlust seinem Hobby nachgehen, und auch das Büro der Touristeninformation in Arendal hält aktuelle Tipps zur Routenplanung bereit.

Bäreninsel

Die Bäreninsel liegt auf dem Weg von Norwegen nach Spitzbergen. Die niederländischen Seefahrer Willem Barents und Jacob van Heemskerck betraten die Insel am 8. Juni 1596 und töteten einen Eisbären. So erhielt die Insel ihren Namen. Eisbären sucht man heute vergebens. Die Insel ist ein unbewohntes

Schutzgebiet. Früher wurde sie als Walfangstation und für den Bergbau genutzt. Das auffällige Kap und die Vogelkolonie sind gute Fotomotive.

Bergen

Bergen wurde im 11. Jh. gegründet und war die größte Stadt des Nordens. Im 14. Jh. machte die Hanse durch einen Handelskontor die Stadt zu einer Handelsmacht. Schon früh gab es ein Symphonieorchester, und es lebten und arbeiteten der Geiger Ole Bull und der Komponist Edvard Grieg in der Stadt. Bergen ist Festivalstadt und das Ziel von Besuchern aus aller Welt.

Hafen

Die besten Liegeplätze befinden sich in Skolten direkt vor der Bucht Vågen. Bis zum Fischmarkt sind es 800 m zu Fuß. Größere Schiffe liegen im Dokken Hafen knapp 1 km westlich des Fischmarkts. Hier werden kostenlose Shuttlebusse eingesetzt.

Organisierte Ausflüge

Ausflug	Dauer
Stadtrundfahrt Bergen mit Boot und Bus	3,5 Std.
Panoramafahrt	2 Std.
Spaziergang durch Bryggen	3 Std.
Ulriken – Bergen aus der Vogelperspektive	3,5 Std.
Entdeckungsreise durch den Hardangerfjord	6,5 Std.
Troldhaugen und Fantoft Stabkirche	4 Std.

Das Angebot von Stadtbesichtigungen ist vielfältig. In Sichtweite des Liegeplatzes liegt die Festung Bergenhus mit dem Rosenkrantzturm. Die ältesten Gebäude stammen aus dem 12. Jh., andere wurden nach der Zerstörung im Zweiten Weltkrieg rekonstruiert. Die Festung war Sitz des Königs und militärische Anlage. Der Turm zeigt im Inneren

Die hanseatischen Handelshöfe in Bergen

Aussicht von Bergens Hausberg Fløyen auf die Altstadt

die Räume des Kommandanten und kann bestiegen werden. Die gotische Håkonshalle (1247–1261) ist ein Repräsentationsgebäude für Empfänge und Konzerte.

Die 62 hanseatischen, damals von Lübeck kontrollierten Handelskontore (Bryggen) wurden nach einem Brand 1955 wieder errichtet und gehören zum Weltkulturerbe der UNESCO. Das Leben dort war früher spartanisch: Nur Männer durften hier arbeiten. Frauen hatten ihre eigenen Wohnquartiere. Heute befinden sich Galerien, Werkstätten, Souvenirgeschäfte und Cafés in den Höfen.

Das hanseatische Museum (Finnegaarden) zeigt ein 1979 exemplarisch im Stil des 18. Jh. eingerichtetes Kontorhaus und das Privatleben der Kaufleute. Gegenüber der Marienkirche liegen die Schötstuben, wo sich das öffentliche Leben im Winter abspielte und auch das Essen gekocht und serviert wurde.

Auf dem berühmten Fischmarkt am Ende der Bucht Vågen sind die Becken mit lebenden Tieren reizvoll. Man sollte die Lachs- und Fischbrötchen probieren, und wer experimentierfreudig ist, kann geräuchertes Elchfleisch oder Elchsalami erwerben. Bei gutem Wetter lohnen sich Besuche auf den Hausbergen Ulriken (643 m) und Floyen (330 m). Ulriken ist mit dem Tourbus über die Halbinsel Nordnes mit pittoresken Holzhäusern und in einer Seilbahnfahrt zur Aussichtsplattform mit herrlicher Aussicht zu erreichen. Schneller ist die Zahnradbahn auf den Fløyen (330 m). Bereits nach 8 Min. eröffnet sich der Panoramablick auf Bergen und den Fjord.

In Troldhaugen lebten der norwegische Komponist Edvard Grieg und seine Frau Nina, eine Opernsängerin, bis zum Tode Griegs im Jahr 1907. Er komponierte viele seiner Werke in der am Fjord erbauten Hütte. Das Wohnhaus ist ein Museum in Staatsbesitz, wo Erinnerungen an Grieg zusammengetragen wurden. Die sterblichen Überreste des Paars sind in einem Felsengrab unterhalb des Hauses beigesetzt.

Die mittelalterliche Marienkirche in Bergen

Die Stabkirche in Fantoft (1150) stand ursprünglich im Ort Fortun am Sognefjord. 1883 wurde sie nach Bergen versetzt und fiel 1992 einem Brandanschlag zum Opfer. Der Wiederaufbau erfolgte mit einem sechsstufigen Dach und einem Säulengang. Wer das Landesinnere kennenlernen möchte, kann einen ganzen Tag zum Hardangerfjord fahren. Nach 45 Min. ist Hatvik erreicht. Mit der Fähre überqueren die Busse den Fjord und folgen den Obstplantagen zum Steinsdalsfossen. Der Wasserfall stürzt 50 m in die Tiefe. Der Weg führt hinter der Kaskade entlang und ermöglicht ein hautnahes Naturerlebnis. Danach ist ein Teil des Folgefonna Gletschers zu sehen. Er ist der drittgrößte in Norwegen. Zum Abschluss wird auf einem der traditionsreichen Obsthöfe der berühmte Apfelkuchen probiert.

Bergen individuell

Zusätzlich bietet Bergen eine Reihe sehr schöner Kirchen. Dazu gehört die Domkirche St. Olav mit einem romanischen Langschiff. Die Kirche wurde 1880 restauriert. Der Altar (1884) und die Orgel (1997) sind zu sehen. Die romanische Marienkirche (1130) wird als »Schatzkammer Norwegens« bezeichnet. Viele Kunstwerke aus dem ganzen Land wurden zusammengetragen. Der Altar ist die Arbeit einer Lübecker Werkstatt, denn die Kirche war mehr als 300 Jahre die Kirche der Hanseaten.

TIPP

Das Freilichtmuseum Gamle Bergen (Altbergen) spiegelt mit seinen 50 Häusern das Aussehen norwegischer Städte im 18. Jh. wider. Seit 1949 wurden Gebäude zusammengetragen und originalgetreu wieder aufgebaut. Zu sehen sind Werkstätten, ein Friseur, der Zahnarzt und Kaufläden sowie die Inneneinrichtungen verschiedener Privatwohnungen.

Bergen für Radfahrer und Wanderer

Für Radfahrer lohnt es sich, Bergen in Richtung Norden zu verlassen. Hinter Åsane erreichen die Teilnehmer mit dem Langavatnet einen Streckenabschnitt, in dem sich viele kleine Seen befinden. Die Fahrt geht vorbei am Gaupåsvatnet und dann immer näher am Fjord entlang. Die Liegezeit des Schiffes im Hafen bestimmt, wie weit die Radfahrer der Route folgen können.

Wer seine Stadtrundfahrt mit dem Rad unternehmen möchte, sollte an der Johanneskirche, der Universität, den Grieghallen, dem Dom und der Marienkirche entlangfahren. Am Freilichtmuseum Gamle Bergen empfiehlt sich eine längere Pause. Weiter geht es zur Håkonshalle und zu dem Rosenkrantzturm sowie den historischen Kaufmannshäusern. Eine Variante führt über Serpentinen hinauf zur Bergstation der Fløyen-Seilbahn. Nach einer längeren Pause geht es recht steil bergab und durch ein lang gestrecktes Tal zurück in die Stadt. Diese Tour dauert 3–4 Stunden.

Auch für Wanderer ist der Hausberg Fløyen ein ideales Gebiet. Nach der kurzen Seilbahnfahrt beginnt auf gut ausgeschilderten Wegen die Wanderung durch ein Waldgebiet zum 568 m hohen Rundenmanen. Die Aussicht auf das Tal, die Berge und die Küste ist ein Höhepunkt jedes Bergen-Aufenthaltes.

Bodø

Bodø (49 000 Einwohner) liegt in arktischer Landschaft am Saltfjord. Es wurde 1816 gegründet und erlebte durch die Heringsfischerei ihren Aufschwung. Historische Gebäude sind in Bodø nach den Zerstörungen des Zweiten Weltkriegs kaum noch zu finden.

Hafen

Schiffe werden direkt im Stadtzentrum und in Ronvik festgemacht. Beide Liegeplätze sind für große Schiffe geeignet und nur einen kurzen Spazierweg von der Innenstadt entfernt. Der Hafen verfügt über ein Terminal, Busparkplätze und eine Anbindung an die öffentlichen Verkehrsmittel (100 m).

Organisierte Ausflüge

Ausflug	Dauer
Fahrt zum Saltstraumen	3 Std.
Seeadlersafari mit dem Boot	3 Std.

Einer der stärksten Gezeitenströme der Welt, der Saltstraumen, ist nach 33 km in der Meerenge zwischen Skjerstad und dem Saltfjord zu sehen. Mit hohem Druck bahnen sich alle 6 Std. 370 Millionen m^3 Wasser mit einer Geschwindigkeit von rund 40 km / h ihren Weg und bilden gewaltige Strudel, die vom Ufer aus oder von einer Brücke zu sehen sind. Informationen gibt das 1996 eröffnete Erlebniszentrum, das auch archäologische Funde aus der Region zeigt. In Bodø ist die weltweit größte Population von Weißschwanz-Seeadlern zu Hause. Mit einer Flügelspannweite von bis zu 2,40 m und einer Körperhöhe von 80 cm ist er eine der stattlichsten Erscheinungen der nordischen Fauna. Während der Bootsfahrt können die Tiere aus nächster Nähe beobachtet werden. Die Boote liegen 700 m vom Kreuzfahrtterminal entfernt. Schutzanzug, Schwimmweste, Helm und Handschuhe werden gestellt. Die Chance, die Vögel zu sehen, ist hier sehr hoch.

Bodø individuell

Der Dom entstand im Zuge des Wiederaufbaus 1957 als neogotische Basilika. Bemerkenswert ist die Orgel, mit 94 Registern eine der größten Norwegens. Zu Fuß oder mit dem öffentlichen Bus ist die 3 km vom Stadtzentrum entfernt liegende Barockkirche von Bodin (1240) zu erreichen. Interessant sind der hölzerne Zwiebelturm und der Altar (1670).

Im norwegischen Luftfahrtmuseum (1994) werden Details zur Geschichte der zivilen und militärischen Luftfahrt anschaulich präsentiert. Für Liebhaber sind berühmte Flugzeuge wie Spitfire, CF-104 Starfighter und Ju 88 ausgestellt.

Das Gebäude des Nordlandmuseums stammt aus dem Jahr 1903. Die Sammlungen umfassen Exponate zur Geschichte der Provinz Nordland von der Vorzeit bis ins Mittelalter. Die Außenanlagen in Bodøsjøen sind ein beliebtes Erholungsgebiet. Hier sind 14 historische Gebäude aus der Region zu bewundern sowie eine sehenswerte Bootsammlung.

Bodø für Radfahrer und Wanderer

Überall in und um Bodø gibt es ideale Möglichkeiten für Radfahrer und Wanderer. Das Gelände ist nicht so bergig wie im westlichen Fjordland, und die Beschilderung ist gut. Lohnend ist eine Radtour oder Wanderung in Richtung des Soløyvatnet. Der See liegt 4 km entfernt und ist landschaftlich reizvoll, umgeben von Wäldern. Die Länge der Touren kann leicht an den eigenen Zeitrahmen angepasst werden und reicht von 8 km bis hin zu einer Rundtour mit rund 27 km Länge. Weitere Seen befinden sich in nächster Nähe.

Auch das Naherholungsgebiet am Fluss Bodøelva mit dem Ziel »Maskinisten« ist für Radfahrer und Wanderer empfehlenswert. Ein Wanderweg in die höher gelegenen Teile des Areals ist vorhanden, erfordert allerdings etwas Erfahrung und festes Schuhwerk.

Wer sich nur wenig Zeit nehmen kann, für den ist ein Spaziergang zur Nyholmen-Schanze interessant. Die Verteidigungsanlage wurde von 1807 bis 1814 erbaut und steht wie auch das Leuchtfeuer unter Denkmalschutz.

Schalentiere auf dem Markt in Bodø

Flekkefjord

Flekkefjord begann 1660 durch den Handel zu expandieren. Federführend waren die Holländer, die Holz und Steine kauften. Die ältesten Gebäude sind in der sogenannten Holländerstadt zu finden, einem Viertel mit engen Gassen und weiß gestrichenen Häusern. Die achteckige Kirche (1833) ist ein Werk des Architekten H. Linstow, dem Erbauer des Königspalastes in Oslo. Das Kirchenschiff hat eine umlaufende Galerie über zwei Etagen.

Hafen

Die Hafeneinfahrt ist sehr eng und die Pier lässt nur das Anlegen von Schiffen bis zu 170 m Länge zu. Darüber hinaus muss im Hafenbecken gedreht werden. In Flekkefjord wird nur ein freier Landgang angeboten.

Frederikstad

Die Stadt (77 800 Einwohner) nahe der schwedischen Grenze war seit der Gründung (1567) durch Frederick II. von militärischer Bedeutung. Die Altstadt ist die am besten erhaltene Festungsstadt des Nordens. Heute spielen der Schiffbau und die Chemieindustrie eine wichtige Rolle in der Wirtschaft der Region.

Hafen

Der Hafen bietet vier Liegeplätze, die Kapazitäten reichen aber immer nur für ein großes und ein kleines Schiff gleichzeitig. Manche Schiffe tendern hier. Der Tenderweg beträgt rund 3 km. Die Anlegestellen sind 4,2 km vom Stadtzentrum entfernt. Ein kostenloser Shuttlebus-Service steht zur Verfügung, sowie eine sehr begrenzte Bandbreite für die Internetnutzung.

Organisierte Ausflüge

Ausflug	Dauer
Frederikstad Stadtbesichtigung	3 Std.
Ein Tag in Oslo	7 Std.

Der Stadtrundgang führt durch die malerischen Gassen auf den Marktplatz und zum neogotischen Dom (1880). Sehenswert ist das Leuchtturmlicht des Turmes, eines von nur 10 Exemplaren weltweit.

Insgesamt sind drei Bastionen und zwei Contrescarpen mit Kanonen interessant, die sternförmig angeordnet sind. Im Ortsteil Borge steht das Geburtshaus von Roald Amundsen. Der Polarforscher kam hier 1872 zur Welt. Das Haus ist ein Museum über sein Leben und Werk. Die Stadtviertel Cicignon und St. Croix konnten ihren historischen Charme mit vielen schön restaurierten Häusern erhalten. Der Rundgang endet an der Kaipromenade.

Die Tagestour nach Oslo beinhaltet alle wichtigen Sehenswürdigkeiten der Hauptstadt (Seite 112).

Frederikstad individuell

Ein eigener Stadtrundgang durch die Altstadt und die Festungsanlagen ist sehr einfach. Zusätzlich lohnt der Besuch der Østre Fredrikstad Kirche (1779) mit 41 m hohem Turm. Das Altarbild aus dem Weihejahr zeigt das letzte Abendmahl.

Weitere Sehenswürdigkeiten sind das Kultur- und Kunstmuseum, das Elingaard Herrenhaus (1749), das

Kongsten Fort, das 1677 auf einem Felsvorsprung entstand, sowie das Walfangmuseum.

Frederikstad für Radfahrer und Wanderer

In der Gegend rund um Frederikstad gibt es zahlreiche prähistorische Steinkreise und Grabhügel. Viele von ihnen weisen Schriftzüge und Bilddarstellungen auf. Auf ausgedehnten Spaziergängen und Wanderungen oder Radtouren sind sie ideale Ziele und lassen eine Kombination mit herrlichen Landschaftsfahrten zu. Eine Karte mit Routenvorschlägen ist in den Touristeninformationen der Stadt erhältlich.

Radfahrer haben zusätzlich die Möglichkeit, ein Stück des Nordseeküstenradwegs zu fahren, der durch Frederikstad führt und Landschaft und Kultur der Region verbindet.

Geiranger / Hellesylt

Geiranger (300 Einwohner) ist das Zentrum des Tourismus in Westnorwegen.

Über 100 Schiffe kreuzen jährlich im Fjord, der zum Weltnaturerbe der UNESCO gehört. Er zweigt vom Sunnylvsfjord ab, ist 15 km lang und bis zu 1,3 km breit. Auf dem Weg dorthin wird oft der Ort Hellesylt in die Kreuzfahrt einbezogen. Die Schiffe ankern vor der Dorfkulisse, die von zwei Brücken (1902/1907), der hölzernen Dorfkirche und dem Hellesyltfossen bestimmt wird. Hier beginnt die Überlandfahrt nach Geiranger.

Die Fjordpassage ist unvergesslich. Wenn das Schiff in den Geierangerfjord einbiegt, eröffnen sich Ausblicke auf fast senkrechte Felswände. Mehrere Wasserfälle sind im Fjord zu sehen, darunter der hauchdünne »Brautschleier«, die »Sieben Schwestern« mit einer Fallhöhe von 300 m und der gegenüberliegende »Freier«. Die Legende berichtet, dass der Freier jede der sieben Schwestern heiraten wollte. Da keine auf sein Werben einging, soll er zum Alkoholiker geworden sein und die Form einer Flasche angenommen haben.

Das Dorf Hellesylt am Sunnylvsfjord

Die »Sieben Schwestern«, der berühmteste Wasserfall des norwegischen Fjordlands

Häfen

Beide Orte sind Tenderhäfen. Während in Hellesylt keine nennenswerte touristische Infrastruktur existiert, stehen in Geiranger Souvenirshops, Restaurants, Reiseagenturen und ein gut sortiertes Informationsbüro zur Verfügung.

Organisierte Ausflüge

Ausflug	Dauer
Auf den Dalsnibba	3 Std.
Adlerkehre und Flydalsjuvet	1,5 Std.
Adlerkehre, Berg Dalsnibba und Fjordzentrum	3,5 Std.
Norddal und Herdal Alm	4 Std.
Überlandfahrt von Hellesylt nach Geiranger	8 Std.
Überlandfahrt nach Ålesund	8,5 Std.
Wanderung am Berg Westerås mit Storseter Wasserfall	4 Std.

Auf der Fahrt zum Dalsnibba wird am Aussichtspunkt Flydalsjuvet gehalten. Waghalsige Besucher können sich auf einer Felsnase über dem Abgrund fotografieren lassen. Auf der Weiterfahrt tauchen verlassene Berghöfe auf.

Auf halber Strecke liegt die Djupvasshytta (1038 m) am Djupvatnet. Der türkisgrüne See und die fast arktische Landschaft sind atemberaubend. Auch eine Kaffeetafel in der Hütte wird angeboten. Die Fahrt auf der Serpentinenstraße Nibbevegen zum Dalsnibba endet mit einem 360° Rundblick über den Geirangerfjord und das Fjordland.

Die Adlerstraße (Adlerkehre) ist Teil vieler Ausflugsvarianten in Geiranger. Sie ist 8 km lang, überwindet in 11 Serpentinen, die auch vom Fjord aus zu sehen sind, 620 m Bergeshöhe bei einer Steigung von 10 %. Bis zu ihrer Einweihung 1954 war die Region nur mit dem Boot erreichbar. Von der Aussichtsplattform schweift der Blick zum Wasserfall der »Sieben Schwestern« und zum Berghof Knivsflå.

Auf dem Dalsnibba, dem Dach des norwegischen Fjordlands

Das Fjordzentrum ist eine Informations- und Erlebnisausstellung. Sie zeigt Natur, Kultur und Geschichte des Geirangerfjordes. Die Ausstellung beschäftigt sich mit dem Leben auf schwer zugänglichen Berghöfen, dem Straßenbau und Schneelawinen.

Nach Norddal und zur Herdal Alm gelangen die Busse über die Adlerstraße. Am höchsten Punkt lohnt der Ausblick auf den Eidsvatnet. Am Norddalsfjord sind Aussichten auf das Tafjordfjella-Gebirge ein besonderes Landschaftserlebnis.

In einem Bauernhof in Herdalssetra, der aus 30 Holzhäusern mit Grassodendächern besteht, befindet sich die Käserei. Nach einer Führung findet eine Verkostung statt. Die Rückfahrt erfolgt durch das Tal des Herdøla-Flusses mit eindrucksvollen Kaskaden.

Lohnend ist die Wanderung zum Berghof Westerås (300 m). Sie erfolgt über einen auf 600 m ansteigenden Pfad und endet am Storseter-Wasserfall. Besucher können hinter den herabstürzenden Wassermassen laufen mit beeindruckenden Aussichten. Für den Ausflug sollten die Teilnehmer geübte Wanderer sein.

Wer auf dem Landweg von Hellesylt nach Geiranger fährt, hält zunächst auf der Brücke am Hellesyltfossen. Der Hornindalsvatnet, mit 514 m der tiefste See Europas, und die stetig ansteigende Straße sowie der Flusslauf Stryne sind weitere landschaftliche Höhepunkte. Die Tystigen Sommerskischule liegt selbst im Sommer in einer Winterlandschaft und die Route steigt bis auf den Dalsnibba (1476 m) an. Auf dem Weg nach Geiranger lohnt der Fotostopp an der Flydal-Schlucht mit dem berühmten Blick auf den Fjord.

Geiranger individuell

Bereits wenige Meter außerhalb des Dorfkerns steigt die Straße steil an. So beschränken sich individuelle Landgänge auf die Besichtigung des Ortes. Zu Fuß ist keine der Sehenswürdigkeiten leicht erreichbar. Empfehlenswert ist die oktogonale

Kirche (1842) aus Holz. Sie besitzt schöne Schnitzarbeiten und eine Bemalung (1938–45). Vom Friedhofsplateau vor der Kirche haben Besucher einen schönen Blick auf den Fjord und den Ort.

Geiranger für Radfahrer und Wanderer

Sowohl der Weg zum Berg Dalsnibba als auch die Adlerstraße sind extrem steil und fordern eine sehr gute Kondition. Darüber hinaus stellen diese Straßen hohe Anforderungen an das Fahrrad. In der begrenzten Liegezeit der Kreuzfahrtschiffe kann zu solchen Unternehmungen in Geiranger nicht geraten werden. Ähnlich ist die Situation für Wanderer. Wer sich den Gegebenheiten jedoch stellen möchte, findet im Ort sowohl Leihfahrräder als auch Wanderführer, die Touren auch zu den umliegenden Berghöfen anbieten. Diese dauern 3–5 Stunden.

> **TIPP**
>
> Eine Spezialität Geirangers ist das Softeis. Es wird gegenüber der Tenderstation verkauft und ist berühmt für seinen sahnigen Geschmack. Ein kulinarisches Highlight!

Wer Geiranger individuell in Richtung Dalsnibba verlassen möchte, kann nahe der Tourist-Information ein Taxi mieten zum Preis von 100–150 Euro für eine Tour von knapp 3 Std.

Hammerfest

Die nördlichste Stadt Europas wurde im 18. Jh. von den Engländern geplündert. Daraufhin entstand die Festung »Skansen«. Der Wohlstand kam mit dem einsetzenden Wal- und Robbenfang im 19. Jh. 1890 hatte die Stadt als erste in Europa elektrische Straßenbeleuchtung. Hammerfest wurde im Zweiten Weltkrieg zerstört. Nach dem Wiederaufbau konzentrierten sich die 10 362 Einwohner auf den Fischfang, den Tourismus und das Erdgas.

Hafen

Der Hafen ist ganzjährig eisfrei. Die Liegeplätze befinden sich nur ein paar Min. oder knapp 2 km vom Stadtzentrum entfernt in Fuglenes. Es kann auch getendert werden.

Organisierte Ausflüge

Ausflug	Dauer
Hammerfest Stadtrundf.	3 Std.
Hammerfest Stadtrundgang	2 Std.
Hammerfest und Fischerdorf Forsøl	2 Std.
Ein Hauch von Lappland: Besuch im Sami Camp	2,5 Std.

Die Meridiansäule in Hammerfest gehört zum Weltkulturerbe der UNESCO.

Die Stadtrundfahrt beginnt am Eisbärenclub, der 1963 gegründet wurde und bereits 213 000 Mitglieder weltweit hat. Ziel des Clubs ist das Wachhalten der traditionellen Lebensweise in der Polarregion und der Schutz der Arktis. Mitglied können Besucher durch eine Spende werden und wenn sie persönlich im Club erscheinen.

Das Museum des Wiederaufbaus informiert über die Zerstörungen im Zweiten Weltkrieg und die Entwicklung bis heute. Das Energiehaus zeigt ein Kraftwerk von 1946 und verfolgt den Wandel der Energieproduktion mit Hilfe von Wasserkraft, Windkraft, Gezeiten, Öl und Gas.

Zum Weltkulturerbe der UNESCO gehört die Meridiansäule (1854). Sie stellt das Ende des Struvebogens dar, den der deutsche Geophysiker Friedrich Wilhelm Struve anlässlich seiner Arbeit zur Vermessung der Erde ab 1816 mit 265 Messpunkten angelegt hatte.

Die Stadttouren enden am Aussichtspunkt des 80 m hoch gelegenen Salen. Er ist zu Fuß oder mit dem Bus erreichbar und bietet einen herrlichen Ausblick.

Das Fischerdorf Forsøl (230 Einwohner) liegt 8 km von Hammerfest entfernt auf der Nordseite der Insel Kvaløya. Außer zwei Sandstränden gibt es dort die Fischfabrik mit der immer noch traditionellen Verarbeitung und den typischen Holzgestellen.

Über die Geschichte und Lebensweise der Samen informiert das Torfhaus in Mikkelgammen. Engagierte, typisch gekleidete Führer vermitteln im Grasdachhaus Wissenswertes und laden zur Verkostung samischer Spezialitäten ein.

Hammerfest individuell

Ergänzend zum Stadtrundgang lohnt die Lutherische Kirche (1961), die an die in Norwegen weit verbreiteten Trockenfischgestelle erinnert. Auf dem Friedhof steht die Grabkapelle, die als einziges

An den Ufern des Hardangerfjords

Gebäude die Zerstörung der Stadt im Zweiten Weltkrieg überstanden hat. Deutsche Freiwillige errichteten die ebenfalls sehenswerte nördlichste katholische Kirche der Welt 1958.

Hammerfest für Radfahrer und Wanderer

Einige Reedereien bieten für Radfahrer geführte Touren an. Sie orientieren sich an den Sehenswürdigkeiten der Stadt und führen im Anschluss ins Fischerdorf Forsøl. Die Gegend um Hammerfest ist kein geeignetes Areal für beide Sportarten, denn außerhalb der Stadt beginnt die schroffe arktische Landschaft, sodass sich Touren auf Autostraßen konzentrieren und wenig Fahrspaß bringen. Hinzu kommen das launische Wetter, das schnell umschlagen kann, sowie die recht begrenzten Liegezeiten. Wer dennoch eigene Rad- oder Wanderausflüge plant, sollte gut vorbereitet sein und den Zeitrahmen so anpassen, dass die Unwägbarkeiten in der Natur eingeplant werden.

Hardangerfjord

Der Hardangerfjord (170 km lang, bis zu 725 m tief) ist von Obstplantagen gesäumt. Er hat mehrere Seitenarme wie den Ulvikfjord und den Eidfjord, wo die für den Tourismus bedeutsamen Häfen liegen.

Häfen

Eidfjord besitzt eine Pier direkt im Ort, von der aus es nur wenige Minuten zu Fuß ins Zentrum sind. Hier kann nur ein Schiff anlegen, weitere Schiffe müssen tendern. Ulvik ist ein Tenderhafen.

Organisierte Ausflüge

Ausflug	Dauer
Vøringsfossen und Hardanger-Naturzentrum	3 Std.
Sysen-Staudamm und SIMA-Kraftwerk	4,5 Std.
Ulvik und der Obstgarten Norwegens	2,5 Std.
Überland nach Rosendal	8 Std.
Kajaktour	3 Std.

Die beiden Häfen in den Seitenarmen des Hardangerfjords sind 34 km voneinander entfernt. Die Ausflugsprogramme sind nahezu identisch. Im reizvollen Måbødal stürzt der gewaltige Vøringsfossen 183 m in die Tiefe. Die beste Aussicht ist am Fossli-Hotel (seit 1891), lange bevor die erste Straße die Stelle erreichte. Edvard Grieg schrieb hier mehrere seiner Werke. Das Hardanger-Naturzentrum zeigt Ausstellungen, moderne Aquarien und Filme.
Der Sysen-Staudamm und das SIMA-Kraftwerk liegen ebenfalls im Måbødal. Die Dammkrone ist begehbar und 1100 m lang. Die Maschinenhalle des Kraftwerks wurde 700 m tief in den Berg getrieben. Dort verwandelt eine riesige Turbine Wasserkraft in Strom, der für die ganze Region lebenswichtig ist. Die Führung wird mit einem Film über den Bau der Anlage vervollständigt.
Das milde Klima in Ulvik lässt viele Obstsorten reifen. Die Busse fahren nach Osa zur Olympia-Skulptur »Stream Nest«, die aus Holzstämmen und Backsteinen besteht und nach den Winterspielen von Lillehammer aufgestellt wurde. In der

Nähe befinden sich eine Wasserfabrik sowie eine Gartenbauschule. Wer über Land nach Rosendal fährt, sieht den Sysen-Staudamm und den Vøringsfossen. Durch die Obstplantagen sowie Kinsarvik geht es nach Lofthus – die Hauptstadt der Kirschen mit eigenem Festival. Sehenswert ist die Dorfkirche aus dem 13. Jh.

Anschließend passieren die Busse den 11 137 m langen Tunnel unter dem Folgefonna-Gletscher. Am Maurangerfjord liegt der Furebergvossen direkt an der Straße. Die Baronie Rosendal ist ein kleines Schloss von 1665 mit mehreren kunstvoll angelegten Gärten, durch die vor der Rückfahrt ein Spaziergang möglich ist.

Kunstvolle Bemalung in der Kirche von Ulvik

Eidfjord und Ulvik individuell

In Eidfjord wurden in den letzten Jahren Kunstwerke einheimischer Künstler der Gegenwart aufgestellt. Der Rundgang dauert maximal 1 Std. Eine eigene Planung ist in Eidfjord schwierig und aufgrund der steigenden Touristenzahlen auch sehr teuer. In Ulvik sollte die Kirche (1859) besichtigt werden. Die Wandmalereien (1923) stammen von Lars Osa. Im Ort befindet sich Norwegens älteste

Gartenbauschule. Der Rosengarten ist zugänglich. Die pittoreske Mühle Skeiemylna (1890) stammt aus Bergen. Sie bietet unterschiedliche Veranstaltungen an.

Haugesund

Haugesund ist eine Kongress- und Festivalstadt. Bekannt sind das internationale norwegische Filmfestival und das Jazzfestival. Harald Schönhaar (norw.: Hårfagre), Norwegens erster König, hatte hier seinen Wohnsitz und machte die Region zu seinem Machtzentrum.
Die Heringsfischerei bildete die Grundlage für den Aufschwung zu einer der wichtigsten Hafenstädte Norwegens. Heute basiert die Wirtschaft auf der Erdöl- und Schiffbauindustrie.

Hafen

Schiffe machen an der Garpeskjær Pier auf der Insel Risøy oder im inneren Hafen direkt vor der Innenstadt fest, zu der es von der Pier nur wenige Meter sind. Vom Anleger Garpeskjær werden kostenlose Shuttlebusse eingesetzt.

Organisierte Ausflüge

Nach der Hafenfront wird das Rathaus besichtigt, das 1931 von den Architekten Gudolf Blakstad und Hermann Munthe-Kaas erbaut wurde. Es gilt als Bindeglied zwischen der klassizistischen Architektur des 19. Jh. und der Moderne. Sehenswert sind vier Doppelsäulen in der Fassade und der Brunnen auf dem Rathausplatz. Das Innere besticht durch eine reiche künstlerische Ausgestaltung.

Das Arquebus-Museum ist Norwegens umfangreichste Sammlung zum Zweiten Weltkrieg. Zahlreiche Originalexponate schildern das Leben der Menschen unter der deutschen Besatzung.

Während der Panoramafahrt wird ein kurzer Fotostopp am Rathaus eingelegt, bevor der 227 m hohe Steinsfjellet das Ziel ist. Ein herrlicher Blick über die Stadt erwartet die Reisenden. Der Architekt Christian Christie errichtete 1872 das Haraldshaugen-Riksmonumentet als einen 17 m hohen Obelisken, umgeben von 29 gleichförmigen Steinen für die Provinzen Norwegens. Das Denkmal erinnert an die Einigung des Reiches unter Harald Schönhaar.

Ausflug	Dauer
Reise in die Wikingerzeit – Besuch auf der Insel Karmøy	3,5 Std.
Panoramafahrt durch Haugesund	2,5 Std.
Stadtspaziergang und Besuch im Rathaus	2,5 Std.
Besuch im Arquebus-Museum	3 Std.
Besuch und Verkostung in der Heringsfabrik	3 Std.
Charmantes Hafenstädtchen Skudeneshavn	4 Std.
Åkrafjord und Langfossen-Wasserfall	7 Std.

Hurtigruten

Das Hurtigrutenschiff Nordkapp

Was 1893 als Schifffahrtsroute zum Transport von Post und Waren aller Art begann, entwickelte sich für die Regionen Nordnorwegens vor allem im Winter zur einzigen Verbindung zur Außenwelt. Nach dem Rückgang des Frachtaufkommens wurden Hurtigruten zu einer Touristenattraktion. Heute verkehren auf der 2600 Seemeilen langen Reise von Bergen bis Mehamn 13 hochmoderne Schiffe in zahlreichen Häfen. Noch immer nutzen die Norweger die Schiffe als Transportmittel, wenn sie nicht fliegen mögen. Nach einer Neuausrichtung auf den Tourismus befördern die Schiffe jährlich 450 000 Menschen.

Neben den großen Städten werden auch die wichtigsten Tourismusspots angefahren. Bis zu

10 Häfen am Tag stehen auf dem Fahrplan, und die Schiffe liegen 2–6 Std. im Hafen. Passagiere können durch die Orte spazieren, Ausflüge buchen, über Land fahren und in einem anderen Hafen wieder zusteigen, wobei auch Unterbrechungen von mehreren Tagen möglich sind. Vor allem im Winter, wenn das Nordlicht zu bewundern ist, oder zum Ende der Polarnacht sind die Postschiffreisen beliebt.

Die Häfen in der Tabelle rechts stehen selten oder gar nicht auf dem Fahrplan der Kreuzfahrtschiffe, werden aber von Hurtigruten angelaufen. Das Ausflugsangebot deckt sich in den Touristenhochburgen mit dem der Kreuzfahrtreedereien, setzt aber ansonsten mehr auf das Reiseerlebnis.

Båtsfjord	Berlevåg	Brønnøysund
Finnsnes	Florø	Havøysund
Kirkenes	Kjerringøy	Kjøllefjord
Måløy	Mehamn	Nesna
Nesna	Øksfjord	Ørnes
Risøyhamn	Rørvik	Sandnessjøen
Skjervøy	Stamsund	Stokmarknes
Svolvær	Torvik	Vadsö
Vardø		

Es reicht vom Frühstück am Nordkap über ein Mitternachtskonzert bis hin zu Winterwanderungen und Fahrten zum Polarlicht mit dem Schneemobil. Wandern und Angeln, Gletscherabenteuer und Wikingerfest, Vogel- und Walbeobachtungen vervollständigen die Liste der Aktivausflüge.

Der Ausflug in die Fischfabrik ist für alle interessant, die sich für die Herstellung der auch in Deutschland erhältlichen Fischprodukte interessieren. Die Besucher erfahren, welche Schritte nötig sind, um guten Geschmack und Qualität zu gewährleisten. Auch das Probieren kommt nicht zu kurz.

Die Fahrt auf die Insel Karmøy führt über die gleichnamige Brücke. 870 ließ sich hier König Harald Schönhaar nieder, wovon zahlreiche Sehenswürdigkeiten zeugen. An der Kirche St. Olav (um 1250) befindet sich eine bereits stark geneigte Steinsäule, die im Volksmund Marias Nähnadel genannt wird. Der Jüngste Tag kommt der Legende nach, wenn der Felsen die Kirche berührt.

Das nahe Geschichtszentrum Nordvegen bietet interessante Einblicke in die Zeit der Wikinger. Der rekonstruierte Wikingerhof auf der Insel Bukkøy, der in 15 Min. zu Fuß zu erreichen ist, vermittelt Eindrücke des Zusammenlebens der Familien. An der Südspitze von Karmøy liegt Skudeneshavn. Weiße Holzhäuser, enge Gassen mit Kopfsteinpflaster und viele Wildblumen bestimmen das Ortsbild. Hier brachte der Heringsfang den Wohlstand, dessen Entstehung in der umfangreichen Sammlung des Mælandsgården-Museums dokumentiert ist. Während der Rückfahrt nach Haugesund gibt es die Gelegenheit, das Fischerdenkmal zu fotografieren.

Haugesund individuell

Das Schlauchschnellboot, das direkt an der Pier ablegt, braucht 20 Min. durch die Schären bis zur Insel Røvær (110 Einwohner). Der Spaziergang ist

Der Beerenberg auf Jan Mayen ist der nördlichste aktive Vulkan der Erde.

ein Naturerlebnis. Die Insel Utsira ist bekannt für ihre vielfältige Vogelfauna mit über 319 Vogelarten.

Haugesund für Radfahrer und Wanderer

Radfahrer und Wanderer haben in und um Haugesund gute Möglichkeiten, ihrem Sport nachzugehen. Die Reedereien bieten geführte Touren an und stellen Fahrräder oder E-Bikes für die Ausflüge zur Verfügung. Die Ziele sind die Innenstadt, in der Radfahren stressfrei möglich ist, oder auch die Inseln Risøy und Karmøy. Gut ausgebaute Rad- und Wanderwege machen sie zu bevorzugten Zielen für sportbegeisterte Kreuzfahrtgäste. Aber auch eine Stadtrundfahrt mit dem E-Bike lohnt sich, besonders bei schönem Wetter, und ist eine gute Alternative zur Busfahrt. Rund um Haugesund gibt es viele ausgeschilderte Wege, sodass auch eine Fahrt ins Blaue mit dem Rad oder eine einfache Wanderung durch die herrliche Landschaft zu empfehlen ist.

Jan Mayen

Auf dem Weg von Island nach Spitzbergen liegt die 373 m² große Insel, auf der Landgänge nicht vorgesehen sind. Sie ist an rund 220 Tagen so in Nebel gehüllt, dass nur ein Stück der Küste zu sehen ist. Bei klarer Sicht zeigt sich der 2277 m hohe Vulkan Beerenberg. Er ist komplett mit Gletschern und Schnee bedeckt. Weitere Naturschönheiten sind die Felsnadel Brielleturm (Brielletårnet) und der Walrossberg (Kvalrossen). Auf Jan Mayen befindet sich eine norwegische Wetterstation.

Kristiansand

Die Stadt ist mit 86 000 Einwohnern die fünftgrößte Stadt Norwegens. Dänenkönig Christian IV. wählte 1641 eine sandige Ebene an der Mündung des Flusses Otra, um seine Stadt mit einem schachbrettartigen Muster anzulegen.
Das Altstadtviertel »Posebyen« ist gut erhalten. Kristiansand hatte früh das Handelsmonopol, aber die Garnison

und die Festung Christiansholm wurden erst im 18. Jh. gebaut. 1682 kam der Bischofssitz von Stavanger nach Kristiansand. Erst im 19. Jh. konnte sich die Stadt von einem Stadtbrand erholen und durch den Schiffbau wachsen. Heute sind die Hydroelektrizität, der Flug- und Fährhafen, die Hochschule sowie der Tourismus die Basis der Wirtschaft.

Hafen

Die Liegeplätze mit dem Terminal sind nur 300 m von der Innenstadt entfernt. Ein kostenpflichtiger Touristenzug fährt regelmäßig die Strecke bis in die Stadt.

Organisierte Ausflüge

Ausflug	Dauer
Stadtspaziergang mit Freilichtmuseum	4 Std.
Freilichtmuseum und Fischerdörfer Søgne und Høllen	3 Std.
Ausflug zur Setesdalbahn	3 Std.
Bootsfahrt nach Skottevig und Lillesand	6 Std.
Überland von Kristiansand nach Grimstad	7 Std.

Die Stadtbesichtigung beginnt am neogotischen Dom (1885). Sehenswert ist das silberne Taufbecken aus der alten Domkirche. Durch die Fußgängerzone, vorbei am Fischmarkt, ist die Festung Christiansholm (1672) zu erreichen. Sie ist ein Werk von Willem Coucheron. Sie steht auf einer Insel, die 100 m vom Ufer entfernt liegt und heute mit dem Festland verbunden ist. 1872 wurde Christiansholm stillgelegt.

Im Stadtteil Oddernes befindet sich die historische Kirche (1040) mit einem Glockenturm von 1699. Wissenschaftler vermuten, dass hier einst eine Stabkirche gestanden hat. Auf dem Friedhof stand ein Runenstein, der sich heute in der Kirche befindet. Im Inneren sind wertvolle Holzemporen und das schöne Orgelgehäuse sehenswert.

Das Vest-Agder Freilichtmuseum wurde 1903 gegründet. 40 historische Gebäude sind hier wieder errichtet worden. Dabei achtete man darauf, dass die ursprüngliche Anordnung erhalten blieb. Zu sehen sind Wohnhäuser, eine Sauna, Scheunen, ein Lagerhaus, eine Schule und Werkstätten mit ihrer Inneneinrichtung. Die ältesten Häuser stammen aus dem 17. Jh.

Das Freilichtmuseum ist auch Teil eines weiteren Ausfluges. Nach dem Besuch wird die Tour in Richtung der Orte Søgne und Høllen fortgesetzt. Die Schärenküste bietet herrliche Blicke auf zahllose Inseln. In den Dörfern gibt es Zeit für eigene Spaziergänge. In Søgne lohnt der Besuch der Kirche (1640). Im Inneren sind Wandmalereien und eine wertvolle historische Ausstattung aus Holz zu besichtigen. In Høllen lässt sich das maritime Flair der norwegischen Südküste mit Booten und weißen Holzhäusern genießen.

Ein weiterer Ausflug führt bei einer reizvollen Fahrt entlang des Vennesla-Fjords, einem Süßwassersee, zum Bahnhof in Grovane. Hier beginnt die Setesdalbahn, die in der ersten Hälfte des 20. Jh. einen wichtigen wirtschaftlichen Faktor in der Region um Kristiansund bildete. Seit der Stilllegung 1962 fährt die Schmalspurbahn Touristen auf einer Teilstrecke von 8 km am Fluss Otra entlang über Brücken, Dämme, durch Tunnel und Lawinengalerien. Die Dampflok (1894) ist noch in Betrieb. In Røyknes erfolgt die Rückfahrt.

Auch von Kristiansand wird der Ausflug zum Setesdal-Mineralienpark (Seite 78) angeboten.

Kristiansand individuell

Als Ergänzung zum Stadtrundgang lohnen das futuristische Kilden Theater, das Exerzierhaus (von 1807 in der Tordenskjoldstraße 64) und Bentsens Haus (Kronprinsens gate 59). Das »Minibyggerne« (Kristiansand IV's Straße 81 – Eingang Kronprinsens gate) ist ein Stadtmodell im Maßstab 1:10. Ferner sind das frühere Posthaus (Kronprinsen gate 45) und das historische Café »Blaue Stube« (Blåstua) empfehlenswert. Hier werden frische Waffeln angeboten.

Kristiansand für Radfahrer und Wanderer

Der Nordseeküstenradweg führt mitten durch die Altstadt von Kristiansand. Die Route durch Norwegen ist ein Teilabschnitt des ca. 6000 km langen Weges. In Norwegen heißt diese Radroute Kystruta und ist mit den norwegischen Radwegezeichen beschildert: ein weißes Rad auf braunem Grund, darunter eine 1 in einem grünem Feld. Radfahrer können ihre Route in Richtung Søgne nach Südwesten oder durch das Landesinnere in Richtung Osten nach Lillesand planen. Wie weit man der Strecke folgen will, ist abhängig von der Liegezeit des Schiffes im Hafen. Fahrräder werden in der Stadt von mehreren Anbietern verliehen.

Für Wanderer empfiehlt sich in Kristiansand durchaus eine Stadtwanderung, denn viele Parks und ausgedehnte Grünflächen unterbrechen die Reihe der Sehenswürdigkeiten, die an der Route liegen. Der Start kann im Bereich der Fischbrücke liegen. Dann geht es den Gravanekanal und der Strandpromenade entlang zum östlichen Hafen. Hier lohnen sich der Otterdalspark mit seinem Springbrunnen aus Granit sowie die nahe Festung Christiansholm. Überall finden sich gute Beschilderungen, die abwechslungsreiche Stunden in der Stadt garantieren.

Wer die Stadt im Rahmen einer Wanderung nach Norden verlässt, kommt in eine von Seen dominierte grüne, aber auch wildromantische Landschaft. Das Fremdenverkehrsbüro in Kristiansand gibt gern Ratschläge und bietet entsprechendes Kartenmaterial zu aktuellen Wandertouren, die auch geführt angeboten werden.

Kristiansund

Mit der Verleihung der Stadtrechte 1742 wechselte das alte Fosna den Namen in Kristiansund. Es liegt auf drei durch Brücken miteinander verbundenen Inseln, deren wirtschaftlicher Erfolg auf Fischfang, Holzhandel, Schiffbau und der Verarbeitung von Stockfisch basierte. Heute dominiert die Offshore-Industrie durch die Erdölvorkommen vor der Küste. Im Zweiten Weltkrieg wurden 90 % der Stadt zerstört. Nur wenige alte Holzhäuser sind noch zu sehen.

Hafen

Der Liegeplatz auf der Insel Kirkelandet ist 366 m lang. Es können maximal zwei Schiffe gleichzeitig festmachen. Die Passagiere erreichen in wenigen Minuten die Innenstadt. Bis zum Büro der Tourist-Information sind es 400 m zu Fuß.

Organisierte Ausflüge

Ausflug	Dauer
Stadtspaziergang	2 Std.
Hafenrundfahrt mit dem Sundboot	1,5 Std.
Panoramafahrt und Klippfischmuseum	2 Std.
Insel Averøy und Kvernes Stabkirche	3 Std.
Landschaftsfahrt auf der Atlantik-Küstenstraße	4,5 Std.
Überlandfahrt nach Molde	7 Std.

Der Stadtspaziergang führt vorbei am Vanndamman-See, der bis ins 20. Jh. zur Wasserversorgung genutzt wurde. Heute ist er ein Naherholungsgebiet. Der Aussichtspunkt Varden mit seinem Wachturm (1976) ist 78 m hoch. Er entstand nach alten Vorbildern und bietet einen weiten Blick auf die Umgebung.

Die Kirkelandet-Kirche (entworfen 1964 von Odd Østbye) gilt als herausragendes Beispiel moderner norwegischer Architektur. Sie soll an einen Kristall erinnern. Die 30 m hohen Buntglasfenster stammen von dem bekannten Maler Gunnar S. Gundersen.

Eine Panoramafahrt über die drei Stadtinseln mit anschließendem Besuch des Klippfischmuseums ist interessant. Zu sehen sind die Speicher (18. Jh.) und Verarbeitungsstätten dieser Spezialität. Probieren ist ausdrücklich erwünscht.

Das Sundboot war seit 1876 das wichtigste Verkehrsmittel zwischen den Inseln. Die rund 90 Min. lange Fahrt zeigt die Holzhäuser und die engen Gassen Kristansunds aus einer anderen Perspektive.

Wer mehr sehen möchte, kann den Ausflug zur Insel Averøy und der Kvernes Stabkirche buchen. Nach dem 6 km langen unterseeischen Tunnel folgt die 1257 m lange Gjemnessund-Brücke der Atlantikküstenstraße. Auf der Insel Averøy steht die Stabkirche von Kvernes (1432). Das Innere (17. Jh.) ist gut erhalten. Meist wird noch die Kirche in Bremsnes (18. Jh.) besichtigt. Nach einem Feuer 1771 wurde sie wieder errichtet und 1871 erweitert. Das Altarbild des Bildhauers Ole Joensen Kolset ist sehenswert.

Wer die Landschaftsfahrt über die Atlantikküstenstraße gebucht hat, folgt nach der Besichtigung in Bremsnes der Straße auf einer Länge von 8 km über zwölf Brücken und Dämme. Über die Schären geht es ins Dorf Bud, das einst ein wichtiger Handelsstützpunkt war. Der Rückweg erfolgt über Eide und entlang am Kornstadfjord.

Wenn der Kreuzfahrtplan es zulässt, wird auch eine Überlandfahrt nach Molde mit dortiger Wiedereinschiffung angeboten. Nach der Atlantikküstenstraße und den dortigen Besichtigungen fahren die Busse über Moen und Malme nach Molde (Seite 107), wo die Tagestour mit einer kurzen Stadtbesichtigung endet.

Die Stabkirche von Kvernes nahe Kristiansund

Kristiansund individuell

Das Nordmøre-Museum existiert seit 1894 und zeigt eine Sammlung zur Geschichte und Lebensweise in der Region. Unter den Exponaten sind eine Räucherstube und ein auf Pfosten erbauter Lebensmittelspeicher. Als Teil des Nordmøre Museums kann auch die Segelschiffswerft »Mellemverftet« (1856) im Stadtteil Vågen besucht werden. Ihre schöne Lage und verschiedene Räume wie die Holzwerkstatt, eine Schmiede und Wohnungen garantieren einen interessanten Aufenthalt.

Gut geplant werden sollte ein Ausflug auf die Insel Grip. Sie liegt 14 km vor der Küste und gehört zu einer Gruppe von 82 Inseln. Dort gibt es kleine Boote im Hafen, pittoreske Holzhäuser und eine urnordische Landschaft. Die Schnellfähren verkehren zwischen Kristansund und Grip zweimal am Tag, im Sommer auch öfter, je nach Wetterlage.

Die Stabkirche von Grip ist ein architektonisches Juwel (1470). Bemerkenswert sind die Bemalung der Holzwände (1621) und der dreiteilige Altar.

Kristiansund für Radfahrer und Wanderer

Die Insellage der Stadt macht Radfahren und Wandern zu einem Vergnügen. Überall sind Wege ausgeschildert, und schon nach kurzer Zeit ist der Besucher in der Natur. Für Radfahrer lohnen sich Rundfahrten auf Kirkelandet und Nordlandet, denn die 2 bis 30 km langen Touren sind erprobt und beliebt. Das Terrain ist relativ flach und auch für Anfänger geeignet. Für erfahrene Radfahrer ist auch ein individueller Ausflug auf die 50 km lange Insel möglich.

Wanderer finden ein ideales Terrain rund um den Vanndamman-See inmitten der Stadt. Die Wanderungen sind bis zu 4 km lang. Etwas anspruchsvoller ist eine Tour zum Kvernberget mit herrlicher Aussicht auf die Inseln und die Stadt. Vom Stadtteil Løkkemyra aus führt der Weg zum Vollvatnet-See. Danach führt ein gepflasterter Pfad 500 m leicht bergauf und dann nach rechts. Der Weg ist nicht beschildert, aber nicht zu verfehlen. Es geht zunächst etwas steiler bergauf, dann wieder flacher, bis das Ziel nach 1,5 km erreicht ist. Die Gesamtlänge der Wanderung beträgt 4 km. Weitere Empfehlungen für Wandertouren gibt das Fremdenverkehrsbüro in der Stadt, etwa 400 m vom Hafen entfernt.

Lofoten

Die rund 80 Inseln nördlich des Polarkreises zählen zu den schönsten Landschaften Norwegens. Sie sind durch den Vestfjord vom Festland und durch den Raftsund von den Vesterålen getrennt. Die Berge sind zwischen 600 und 1200 m hoch. Grüne Wiesen, Wildblumenhaine und sogar weiße Sandstrände prägen das Bild der sommerlichen Lofoten.

Die hölzerne Barockkirche in Flakstad auf den Lofoten

Ausflug	Dauer
Lofotenrundfahrt	7,5 Std.
Flakstad und Nusfjord	4 Std.
Wikingermuseum »Lofotr« und Vestvågøy	3,5 Std.
Ostlofotenrundfahrt	7 Std.

Häfen

Die wichtigsten Häfen sind Leknes bei Gravdal und die Hauptstadt Svolvær. Die übrigen Häfen spielen eine untergeordnete Rolle. In Leknes können Schiffe bis zu einer Länge von 230 m und einem Tiefgang von 10 m festmachen, in Svolvær an mehreren Anlegern Schiffe von 122 bis 214 m Länge und einem Tiefgang bis zu 10 m. Sind mehrere Schiffe im Hafen oder deutlich größere, muss wie in allen anderen Häfen der Inselgruppe getendert werden.

Organisierte Ausflüge

Die Entfernung zwischen den Liegehäfen auf den Lofoten ist so gering, dass das Ausflugsangebot in allen Orten nahezu identisch ist.

Die Lofotenrundfahrt führt durch den einzigen unterseeischen Tunnel zwischen den Inseln Vestvågøy und Austvågøy (1800 m). Auf der Insel Flakstadøy steht die Kirche von Flakstad (1780). Sie wurde 1938 restauriert. Das barocke Innere besitzt mehrere Schiffsmodelle, eine bemalte Kanzel und einen Altar.

Nusfjord gehört mit seinen Häusern auf Stelzen in einer geschützten Bucht zum Weltkulturerbe der UNESCO. Die Fahrt endet im südlichsten Ort Å. Er besitzt einen eigenen Süßwassersee. Zu sehen sind das Fischerei- und das Stockfischmuseum sowie 23 Häuser, die bis zu 150 Jahre alt sind.

In der Schmiede von Sund entstehen in aller Welt geschätzte Kunstwerke. Motive sind z. B. Kormorane, das Maskottchen der Fischer. In Familientradition arbeitet heute ein junger Schmied in den historischen Gebäuden mit Exponaten aus der Fischereigeschichte.

Die Insel Vestvågøy ist von der Landwirtschaft geprägt. Die Himmeltindan sind mit 900 m die höchsten Berge der Insel. Das Ziel ist das Lofotr-Museum in Borg. Neben sichtbaren Überresten alter Wikingergebäude wurde auch ein 83 m langes und 9 m hohes Sippenhaus rekonstruiert. Im Inneren wird das Alltagsleben der Menschen im 10 Jh. erläutert.

Bei Hagskaret lohnt ein Rundblick auf die Landschaft, bevor die Busse in das malerische Stamsund fahren. Zahlreiche Künstler haben hier Ateliers eröffnet. Auf der Rückfahrt ist ein Halt in Einangen üblich. Vom Aussichtspunkt sind die Kreuzfahrtschiffe im Hafen zu sehen.

In den Ostteil der Inselkette gelangt man über das Fischerdörfchen

> **TIPP**
>
> Ein Highlight ist der Besuch des Trollfjords. Er ist nur 2 km lang und die Einfahrt 100 m breit. Die Berge steigen senkrecht fast 1000 m auf. Die Einfahrt gehört zu den Höhepunkten Norwegens.

Henningsvær mit seiner bemerkenswerten Bergkulisse. Früher war es Zentrum der alljährlichen winterlichen Dorschfischerei. Im »Galleri Lofotens Hus« werden in einer Multimediashow die Fischer, die Natur und die Menschen auf den Lofoten vorgestellt. Die Hauptstadt Svolvær bietet das Eismuseum. Vor dem Besuch erhalten alle Gäste einen Mantel, um die von Künstlern der ganzen Welt geschaffenen Eisskulpturen genießen zu können.

Lofoten individuell

Auf den Lofoten ist ein Mietwagen empfehlenswert. Mit öffentlichen Verkehrsmitteln ist eine

Die Häuser im Lofotendorf Nusfjord stehen auf Stelzen.

Lofotenrundfahrt nur schwer zu realisieren. Der Wagen sollte vor der Reise bestellt werden und am Schiff zu übernehmen sein. Meist gibt es in Leknes einen Shuttlebus nach Gravdal. Neben einem ausgedehnten Stadtspaziergang lohnt ein Besuch bei der Pfarrkirche von Buksnes (1905). Sie ist aus Holz im Drachenstil gehalten.

Lofoten für Radfahrer und Wanderer

Die Lofoten sind ein ideales Terrain für Radfahrer, wenn auch ein nicht ganz einfaches. Zur Lofotenstraße E10 gibt es auf den Inseln kaum eine Alternative. Sie läuft relativ flach entlang der Bergsockel, ist allerdings nicht ohne Anstrengung zu befahren. Etwas Übung sollten Radfahrer mitbringen. Die Entfernungen sind so, dass doch einige Ziele erreicht werden können, allerdings können das launische Wetter und vor allem der Wind nördlich des Polarkreises eine Radtour schnell zur Tortur machen. Eine gute Vorplanung ist entscheidend. Auch geführte Radtouren sind interessant.

Für Wanderer ist es nicht einfach, im Rahmen der begrenzten Liegezeit auf den Lofoten eine zufriedenstellende Wanderung zu organisieren. Die Lofoten bieten durch ihre einzigartige Landschaft zwar herausragende Wanderwege, aber diese muss der Reisende erst einmal erreichen. Dazu ist ein Wagen unabdingbar und dadurch der Aufwand sehr hoch. Schon der Weg vom Hafen in Leknes in die Stadt ist 4 km lang. Und wer nach Gravdal möchte, hat 3,3 km vor sich. So ist es empfehlenswert, die organisierten Wanderungen, die nahezu alle Reedereien anbieten, auf den Lofoten zu nutzen. Hier ist der Transport zum Ausgangspunkt der Wanderung inbegriffen.

Lyngseidet

Die Lyngenalpen im Lyngenfjord sind über 1000 m hoch und liegen

Einfahrt in den Trollfjord – den engsten Fjord der Welt

Das Nordkap, der nördlichste Punkt Europas, im Abendlicht

300 km nördlich des Polarkreises. Selbst im Sommer ist Schnee bis auf das Meeresspiegelniveau möglich. Wegen dieser Schneebergkulisse haben Kreuzfahrtschiffe die Fahrt im Fjord für 1–2 Std. in ihrer Routenplanung.

Lysefjord

Senkrecht abfallende Felswände prägen das Bild des 40 km langen Fjords. Am Ende liegt der Ort Lysebotn. Die Schiffe liegen auf Reede, und es wird getendert.

Organisierte Ausflüge

Individuelle Planungen sind in Lysebotn nur schwer oder gar nicht zu realisieren, da die meisten Kreuzfahrtschiffe nur während der Ausflugstouren vor Ort liegen.

Die Felsplattform des 600 m hohen Preikestolen (Kanzel) ist ein ideales Ziel für Wanderer und Bergenthusiasten. Mit dem Bus geht es bis Preikestolhytta. Hier beginnt der fast 2 Std. dauernder Aufstieg. Er erfordert Kondition, denn es wird ein Höhenunterschied von 330 m überwunden. Die Aussicht gehört zu den Postkartenmotiven Norwegens.

Auch eine kurze Fahrt auf der 1984 angelegten Serpentinenstraße über insgesamt 27 Haarnadelkurven ist im Ausflugsangebot. Der Aussichtspunkt Øygardsstølen (Adlernest) ist eine ausgezeichnete Alternative für Gäste, die nicht auf den Preikestolen wandern möchten.

Magerøya / Nordkap

Das Nordkap liegt auf der Insel Magerøya mit arktischer Landschaft und überraschender Flora. Seit 1999 ist die Insel durch den Nordkaptunnel (6875 m) mit dem Festland verbunden.

Häfen

Der Hafen von Honningsvåg ist der größte Kreuzfahrthafen in Nordnorwegen. Das Nordkap ist 34 km entfernt. Fünf Anleger, die auch für große Schiffe geeignet sind, liegen kaum 5 Min. Fußweg vom Stadtzentrum entfernt. Es kann auch getendert werden. Als Alternativhafen wird Skarsvåg angesteuert, um dem Ansturm der Touristen zu entgehen. Dort muss getendert werden. Der Ort hat 60 Einwohner und liegt nur 14 km vom Nordkap entfernt.

Organisierte Ausflüge

Ausflug	Dauer
Transfer zum Nordkap	3,5 Std.
Bootsfahrt ins Reservat Gjesværstappan	3,5 Std.
Kamøyvær und Skarsvåg	2 Std.

Das Nordkap befindet sich auf 71° 10' 16'' nördlicher Breite. Das 307 m hohe Kap halten viele Menschen für den nördlichsten Punkt Europas, obwohl es noch nördlichere Inseln und Felsen gibt. 1553 passierte Richard Chancellor erstmals den Felsen und nannte ihn Nordkap. Zahlreiche Prominente sorgten früh für seine Popularität, darunter der Naturwissenschaftler Carl Vogt und Chulalongkorn, König von Siam. Das Nordkap ist heute vom Massentourismus gekennzeichnet. Jeder möchte ein Foto mit der Weltkugel (1978) auf dem Plateau oder von dem Monument »Die Kinder der Erde« (1989), das von sieben Kindern aus verschiedenen Erdteilen gestaltet wurde. In der Nordkaphalle wird ein Film über die Schönheiten der Arktis in vielen Sprachen gezeigt, und wer Stille sucht, kann den buddhistischen Gebetsraum aufsuchen. Natürlich muss auch eine Postkarte mit dem begehrten Poststempel abgeschickt werden.

Als Alternative lohnt ein Ausflug ins Naturreservat Gjesværstappan. Es stehen Boote bereit, die zur 15 km entfernt liegenden Insel westlich des Nordkaps fahren. Sie darf zum Schutz der Tiere nicht betreten werden. Auf ihr brüten Papageientaucher, Dreizehenmöwen, Trottellummen und Basstölpel.

Entlang des Skipsfjords mit vielen Ferienhäusern und über eine Hochebene gelangen Besucher ins Fischerdorf Kamøyvær. Die »Galerie östlich der Sonne« zeigt dort Kunsthandwerk zum Thema »Natur und Leben in der norwegischen Arktis«. Auf dem Plateau leben etwa 4000 Rentiere, die während der Sommermonate umherstreifen. Der Ort Skarsvåg (200 Einwohner) gilt als das nördlichste Fischerdorf der Welt. Sehenswert ist das »Nordkap Weihnachts- und Winterhaus«. Es bietet ganzjährig eine Auswahl von Strickwaren, Textilien und Keramik mit weihnachtlichem Dekor.

Magerøya für Radfahrer und Wanderer

Auf der Insel Magerøya können Radfahrer und Wanderer ihrem Sport nachgehen. Radfahrer machen sich auf den Weg zum Nordkap – ein nicht ganz unbeschwerlicher Weg. Die arktischen Wetterkapriolen und nicht zuletzt der mittlerweile massive Auto- und Busverkehr mindern den Fahrspaß beträchtlich. Wanderer haben es da einfach. Bei entsprechender Liegezeit des Kreuzfahrtschiffes können sie einen der Transferbusse nehmen, die ab Honningsvåg regelmäßig zum Nordkap fahren, und dann zurückwandern.

Oder sie wählen die 14 km lange Alternative nach Skarsvåg. In keinem Fall sollten sich Reisende von den ausgeschilderten Straßen entfernen.

Mandal

Die Siedlung wurde 1730 gegründet und lebte von der Holzverschiffung. Hauptarbeitgeber war im 19. Jh. eine Paraffinfabrik, heute lebt der Ort vom Tourismus, denn die noch gut erhaltenen Holzhäuser aus dem 19. Jh. machen Mandal zu einem Kreuzfahrtziel.

Hafen

Der Hafen Mandals ist so klein, dass alle Schiffe tendern müssen.

Organisierte Ausflüge

Ein Aufenthalt in Mandal ist auf wenige Stunden begrenzt. Angeboten wird meist nur eine Stadtbesichtigung in Form eines Spaziergangs.

Mandal individuell

Gäste, die individuell an Land gehen möchten, können die Stadt leicht auf eigene Faust kennenlernen. Einen Stadtplan gibt es im Büro der Tourist-Information.

Die 600 Holzhäuser der Altstadt stammen aus dem ersten Drittel des 19. Jh. Lohnend ist ein Besuch der klassizistischen Empire-Kirche (1810). Sie ist eines der größten Holzgebäude Norwegens und bietet 1800 Besuchern Platz. Bemerkenswert sind zwei kolossale Säulenreihen und die Galerie. Zur Ausstattung gehört ein Taufbecken aus Marmor. In einem historischen Wohnhaus befindet sich das Kunstmuseum »Andorsengården«. Besucher können den Werdegang von Gustav Vigeland zu studieren. Er gehört zu Norwegens bekanntesten Bildhauern.

Mandal für Radfahrer und Wanderer

In und um Mandal haben Radfahrer und Wanderer viele Möglichkeiten, sich Touren auszusuchen, die aber nur teilweise beschildert sind. Oft handelt es sich um Rundkurse, die zwischen 5 und 40 km lang sind. Mandals Landschaft ist durch viele Binnenseen und mäßige Steigungen gekennzeichnet, was beiden Sportarten entgegenkommt und auch ungeübten Besuchern Touren gestattet. Eine Informationsquelle vorab findet man unter: http://www.bikemap.net/en/regional/Norway/Vest-Agder/Mandal/ im Internet. Die Touristeninformation vor Ort hält Karten und Routenvorschläge bereit.

Mo i Rana

Mo i Rana war schon früh ein Handelszentrum. Nach der Industrialisierung ließen sich Unternehmen am

Die Granitskulptur »Havmannen« (1995) in Mo i Rana

Ort nieder, sodass heute die Stahlverarbeitung der Haupterwerbszweig ist. Durch seine Lage knapp südlich des Polarkreises und die Sehenswürdigkeiten in und um Mo i Rana machen hier immer mehr Kreuzfahrtschiffe fest.

Hafen

Es handelt sich um einen Industriehafen. Daher liegen Passagierschiffe auf Reede, und es wird getendert.

Organisierte Ausflüge

Ausflug	Dauer
Mo i Rana Stadtbesichtigung	2 Std.
Landschaftsfahrt und Grønligrotta	3,5 Std.
Panoramafahrt mit Setergrotta	3 Std.
Fahrt zur Gletscherzunge Engabreen	4 Std.

Der Stadtbesichtigung beginnt auf der Halbinsel Moholmen, die mit ihren bunt bemalten Holzhäusern in den Ranfjord hineinragt. Die Dorfkirche (1724) in Kreuzform mit Turmhaube besitzt umlaufende Emporen aus Holz und eine prachtvolle Orgel. Im Wasser des Fjords unweit des Ufers steht die Granitskulptur »Havmannen« (1995) des englischen Bildhauers Antony Gormley. Sie ist 11 m hoch und wiegt 60 Tonnen. Die stilisierte Darstellung eines Mannes, der den Blick auf den Fjord richtet, dem Ort aber den Rücken zukehrt, hat seit seiner Einweihung für Aufsehen und Debatten gesorgt.

Sehenswert ist das 12 km entfernte Freilichtmuseum Stenneset. Hier wurden 25 historische Gebäude der Region zusammengetragen und wieder errichtet. Vor allem die Inneneinrichtungen spiegeln den Lebensstil im 19. Jh. wider.

In den Bergen liegen mehrere sehenswerte Grotten. Die Grønligrotta in 8 km Entfernung ist eine 4 km lange Kalksteinhöhle. Sie wurde 1750 entdeckt und führt bis zu 107 m tief in den Berg. Sehenswert ist das Strudelloch im Inneren. Die Setergrotta liegt 20 km nördlich und ist ein Ziel für aktive Urlauber. Die benötigte Ausrüstung wie Overall, Helm, Licht und Handschuhe werden am Eingang gestellt. Nach engen Durchgängen öffnen sich riesige Hallen, und es gibt einen unterirdischen Bach.

Auch von Mo i Rana aus wird die Fahrt zum Engabreen, einer Zunge des Svartisen-Gletschers, angeboten (Seite 124).

Mo i Rana individuell und für Radfahrer und Wanderer

Für Individualreisende ist zunächst der Stadtrundgang zu empfehlen. Für Touren außerhalb des Ortes sind Transportmittel wie Mietwagen oder Fahrrad erforderlich. Eine Reservierung ist aufgrund der beschränkten Kapazitäten vor Ort ratsam. Radfahrer können das Freilichtmuseum oder die Grotten gut erreichen, für Wanderer lohnt sich die Grønligrotta.

Lohnend ist es für Radfahrer und Wanderer, mit dem Schiff in 15 Minuten über den Fjord zu fahren. Ein 4 km langer, gut ausgeschilderter Wanderweg zum Østertal-Gletschersee schließt sich an. Der folgende Aufstieg zur Gletscherzunge ist ein Erlebnis. Wer mit dem

Mietwagen unterwegs ist, kann durch das Røvasstal zum Svartisen-Gletschersee gelangen.

Molde

Molde, die »Rosenstadt« hat 26 190 Einwohner. Durch die Nähe des Golfstroms wachsen tatsächlich Rosen, die sonst erst deutlich weiter südlich zu finden sind. 1742 wurde Molde, das seinen Aufschwung dem Holzhandel verdankt, zur Stadt erhoben. Durch die Zerstörung im Zweiten Weltkrieg fehlen historische Gebäude. Die Universität macht Molde zu einer jungen Stadt, die durch Festivals und Open Air Veranstaltungen in den Schlagzeilen ist.

Hafen

Der Hafen verfügt über drei Liegeplätze unterschiedlicher Größe. Die Pier Storkaia ist 300 m lang und ermöglicht einen Tiefgang von 8,5–10 m, die Piers von Moldegård sind 100 und 130 m lang mit Tiefen von 11 bzw. 6 m. Etwa 10 Min. sind es zu Fuß von beiden Hafenanlagen ins Stadtzentrum. Wenn mehrere Schiffe Molde ansteuern, wird auch getendert. Taxis sind am Busbahnhof zu finden, verschiedene Geschäfte und auch Souvenirläden in einer eigenen Einkaufsstraße im Zentrum.

Organisierte Ausflüge

Ausflug	Dauer
Stadtbesichtigung Molde	2,5 Std.
Unterwegs auf der Atlantikstraße	3,5 Std.
Molde, Romsdalsfjord und Trollstigen	8 Std.

Die Domkirche in Molde

Zu Fuß erreichen Sie das Romsdal Museum (1912). Es bietet 40 alte Gebäude aus der Region, darunter eine vollständig rekonstruierte Straße. Der Dom (1957) ist Bischofssitz. Beeindruckend sind seine Proportionen und der 50 m hohe freistehende Glockenturm. Das Pyramidendach der modernen Kirche ist eine Anspielung an den gotischen Baustil. Das Innere besitzt noch viele Kunstwerke aus den Vorgängerkirchen bis zurück zum 17. Jh.

Der Hausberg Varden (407 m) wie auch der Berg Tusten (696 m) ermöglichen einen atemberaubenden Blick auf die umliegenden Berggipfel. Die Atlantikstraße ist eine technische Meisterleistung mit herrlicher Landschaftsfahrt. Auf einer Strecke von mehr als 8 km überquert sie seit 1989 zahllose Inseln und Schären und verbindet diese mit acht Brücken.

Die Busse fahren über Hustadvika, einen wegen seiner Unterwasserfelsen und Inseln berüchtigten

Abschnitt des Meeres, und erreichen das Fischerdorf Bud an der Nordwestspitze der Halbinsel Romsdal. Hier lohnt der Blick auf die Bjørnsund-Inseln.

In Molde wird auch ein Ganztagesausflug nach Åndalsnes am Romsdalsfjord und zum Trollstigen angeboten (Seite 75).

Molde individuell

Zusätzlich zum Stadtrundgang lohnen sich eigene Ausflüge zu den Inseln des Molde-Archipels. Auf Hjertøya, die mit einem Wassertaxi erreichbar ist, befindet sich das Fischereimuseum mit Exponaten aus mehreren Jahrhunderten. Die bewohnte Insel Sekken in der Fjordmitte ist mit regelmäßigen Fährverbindungen erreichbar. Sie ist ein Paradies für Wanderer, 18,7 km² groß und bietet eine abwechslungsreiche Landschaft.

Die Insel Veøya wird im Rahmen von Bootstouren besucht, die das Romsdal Museum anbietet. Dazu können sich Besucher im Museum vorab anmelden. Schon in der Wikingerzeit war die Insel bekannt. In den folgenden Jahrhunderten entwickelte sie sich zu einem Handelszentrum, wovon die Steinkirche St. Peter (1200) zeugt. Auch das Predigerhaus (1752) nahe der Kirche ist sehenswert.

Molde für Radfahrer und Wanderer

Radfahrer haben viele Möglichkeiten, Touren zu unternehmen. Eine davon folgt dem Radweg durch Norwegen von Molde in Richtung Valsøy. Da die Strecke 106 km lang ist, kann man die Länge der Fahrt der Liegezeit in Molde anpassen und entsprechend umkehren. Die Strecke beginnt auf der E 39 in Richtung Osten und der RV 64 in Richtung Norden. Nach dem Tusten-Tunnel, der durchquert werden darf, sollte sich für eine der kleineren Nebenstraßen entschieden werden. Immer wieder kommt es zu Steigungen, und eine erste Pause kann im Ort Malmefjorden eingelegt werden. Ausführliche Informationen zu unterschiedlichen Radtouren hält auch das Tourismusbüro in Molde bereit.

Für Wanderer ist die Tour auf den Varden zu empfehlen. Am Romsdalsmuseum beginnt der ausgeschilderte Wanderweg, der durchaus Ansprüche an die Kondition stellt. Es geht über einen Schotterweg bis zum Aussichtspunkt in 407 m Höhe. Hier befindet sich auch ein Restaurant für eine Stärkung. Der Aufstieg dauert rund eine Stunde.

Narvik

Narvik (18 400 Einwohner) liegt auf einer Landzunge zwischen den Armen des Ofotfjords nahe den Lofoten. Als Victoriahavn wurde die Stadt gegründet und 1899 umbenannt. Den wirtschaftlichen Aufschwung brachten die Ofotenbahn zu den Erzgruben in Kiruna, aber auch der eisfreie Hafen im Winter. Im Zweiten Weltkrieg war Narvik umkämpft und wurde nahezu vollständig zerstört. Heute ist es die landschaftlich reizvolle Lage nördlich des Polarkreises und die Nähe zu Gletschern und Fjells, die Kreuzfahrtschiffe in die Stadt bringen.

Hafen

Es existieren zwei Liegeplätze: Fagernes mit 280 m Länge und 15 m

Tiefgang sowie der Zentralhafen mit einer Pierlänge von 140 m und maximal 8,3 m Tiefe. Im Falle, dass Schiffe auf Reede liegen, beträgt der Tenderweg 1–4 km. Shuttlebusse sind gebührenpflichtig. Das Stadtzentrum liegt 1,5 km entfernt.

Organisierte Ausflüge

Ausflug	Dauer
Narvik Stadtbesichtigung und Narvikfjellet	3 Std.
Skjolmen und Seilbahnfahrt	3,5 Std.
Polar Park	5 Std.
Zugfahrt nach Riksgränsen	3,5 Std.
Mit dem Zug und Boot nach Rallarvegen	6 Std.

Die Stadtrundfahrt beginnt am neuen Friedhof. Er enthält 34 Commonwealth-Gräber, darunter auch die Gräber der 24 Seeleute der HMS HUNTER, die in der Schlacht von Narvik am 10. April 1940 fielen. Sieben Gräber sind namenlos.

Der Höhepunkt des Ausflugs ist die Seilbahnfahrt auf den Narvikfjellet (656 m). Sie wurde am 1. Juli 1995 eröffnet. Die Reisenden haben einen atemberaubenden Rundblick über die Stadt und die Berge. Das Kriegsmuseum des Roten Kreuzes öffnete 1964 und erhielt 1980 seinen heutigen Standort am Marktplatz. Alle Geschehnisse des Zweiten Weltkriegs werden umfassend dargestellt.

Ein weiterer Ausflug kombiniert die Seilbahnfahrt mit einer Tour entlang des Fjords nach Skjolmen südlich von Narvik. Im Skjomdalen gibt es pittoreske Berge und Dörfer wie Elvegård. Im Dorf steht die weiße Kirche (1893). Auch der nördlichste 18-Loch-Golfplatz der Welt ist hier zu finden. Ein Fotostopp gestattet an mehreren Stellen einen Blick auf das Inlandeis Norwegens.

Der Ausflug zum Polar Park beginnt mit einer Stadtrundfahrt und führt entlang des Rombaksfjords über eine 600 m lange Hängebrücke. Nach einer Stunde wird in Bardu der nördlichste Zoo der Erde am 69. Breitengrad besucht. Er wird von einer 4 km langen Asphaltstraße durchzogen, und es sind Wölfe, Luchse, Bären, Vielfraße und weitere Tierarten zu beobachten. Durch das Tal verläuft der Fluss Salangselva.

Ab dem Bahnhof Narvik fährt die Bahn stetig bergauf, und es bietet sich ein herrlicher Blick auf Tjøtta und das Fagernesfjellet-Gebirge. Die Ofotbanen wurde 1902 als Eisenerzbahn von Kiruna in Schweden kommend eröffnet. Bis zur schwedischen Grenze sind es 42 km. Der Zug fährt den Berghang hinauf und am Rombaksfjord entlang.

Am Ende des Fjords liegt Rombaksbotn, was zur Zeit des Baus der Eisenbahn eine geschäftige Ortschaft war und im Zweiten Weltkrieg zerstört wurde. Ein Schiffwrack der Royal Navy kann noch immer besichtigt werden. Durch einen Tunnel geht es auf die schwedische Seite der Grenze. In Riksgränsen (Reichsgrenze) beginnt die Rückfahrt auf einer Polarstraße, die im September 1984 im Beisein des schwedischen und des norwegischen Königs eröffnet wurde. Auch eine Variante des Ausflugs als Bus- und Bootsfahrt ohne Grenzübertritt wird angeboten.

Narvik individuell

Narvik bietet keine historischen Sehenswürdigkeiten. Dennoch ist ein Stadtrundgang mit dem Besuch der wichtigsten Museen empfehlenswert. Außer dem Kriegsmuseum lohnt das Museum Nord (Ofoten Museum) in einem Gebäude von 1902. Das Thema der Exponate ist die Geschichte des Eisenerzes und die Veränderungen Narviks. Mietwagen sind nur in geringer Stückzahl vorhanden und sehr teuer. Eigene Unternehmungen außerhalb der Stadt sind nördlich des Polarkreises riskant. Das Wetter schlägt blitzschnell um, bei einer Panne laufen die Passagiere Gefahr, das Schiff zu verpassen.

Narvik für Radfahrer und Wanderer

Die »Navvy Road« wird von den Einheimischen das »achte Weltwunder« genannt. Als am Ende des 19. Jhs. die Ofotbahn gebaut wurde, galt sie als das nördlichste, kälteste und aufwendigste Bahnprojekt der Welt. Die Arbeiter gruben sich durch den arktischen Boden Stück für Stück bergauf, um die Gleise zu verlegen. Nach dem Ende der Bahnline 1902 verfiel die Anlage und wurde erst in den letzten Jahren wieder eröffnet. Sie führt durch atemberaubend schöne Landschaften, einsame Bahnhofstationen, die zu Museen umfunktioniert sind, und pittoreske Dörfer. Die Route wurde mehrfach als beste Rad- und Wanderstraße Norwegens ausgezeichnet. Passagiere sollten mit dem Zug bis nach Katterat oder Bjørnfjell fahren und dann ihre Tour oder Wanderung zurück nach Narvik antreten.

Olden

Olden liegt an der Mündung des Flusses Oldeelva am nördlichen Ende des Oldedalen und am Südufer des Nordfjords. Der Ort bietet einen relativ einfachen Zugang zu mehreren Ausläufern des Jostedalsbreen. Schon die Fahrt durch den Nordfjord ist ein besonderes Reiseerlebnis.

Hafen

Der Hafen hat eine Pier von 121 m Länge mit einem Tiefgang von bis

Der Ort Olden am Südufer des Nordfjords

Das Eis des Briksdalsbreen nahe Olden

zu 12 m. Steuern mehrere Schiffe an einem Tag den Hafen an, muss getendert werden.

Organisierte Ausflüge

Ausflug	Dauer
Zauberhaftes Oldevatnet	3 Std.
Fahrt zum Briksdalsbreen	4 Std.
Fjorde und der Bøyabreen	7,5 Std.
Fahrt zum Kjenndalsbreen	3 Std.
Dörfer am Nordfjord	4,5 Std.
Überland nach Geiranger	7,5 Std.

Der Oldevatnet ist ein 12 km langer See nahe Olden. Er wird vom Fluss Oldeelva gespeist. Die Seenlandschaft gehört zu den malerischsten des Landes. Mit Booten beginnt eine Rundfahrt auf dem See. Auf beiden Seiten gibt es Wasserfälle mit Blick auf Ausläufer der umliegenden Gletscher.

Besuche an drei Gletscherzungen, die Ausläufer des Jostedalsbreen sind, stehen auf den Ausflugsprogrammen. Der Jostedalsbreen ist der größte Festlandgletscher Europas. Seine Auslassgletscher sind der Bøyabreen, der Briksdalsbreen und der Kjenndalsbreen.

Die Fahrt zum Bøyabreen führt entlang des Nordfjords mit seinen Bauernhöfen und Obstplantagen. Am Berg Utvik lohnt der Blick auf das Bergpanorama. Durch das Våtedalen und einen Tunnel wird die Gletscherzunge erreicht. Im Norwegischen Gletscherzentrum ist mehr über die Beschaffenheit des Naturschauspiels und seine Gefährdung zu erfahren.

Der Briksdalsbreen hat sich sehr zurückgezogen. Der Klimawandel ist deutlich sichtbar. Ein großer Schmelzwassersee hat sich dort gebildet, wo sich noch vor 20 Jahren Eismassen ins

Tal schoben. Zum Gletscher kommt man nach 30 Min. Fußweg.

Auch der Kjenndalsbreen schwindet immer mehr. Im Dorf Loen befinden sich einige der ältesten Bauernhöfe des Landes sowie eine sehenswerte Kirche (1838) und ein keltisches, 1000 Jahre altes Steinkreuz. Von Loen geht es in das Kjenndalen. Vom Parkplatz unterhalb des Gletschers sind es noch etwa 15 Min. zu Fuß bis zum Kjenndalsbreen.

Die Ufer des Nordfjords sind steil und die Straßen kurvenreich. Mit dem Bus führt die Route durch die Siedlungen Blakset, Fjelli und Hopland. In 500 m Höhe liegt einer der schönsten Aussichtspunkte auf den Nordfjord. Der Hornindalsvatn ist der tiefste See Europas und bekannt für die Spiegelungen auf der Wasseroberfläche bei Windstille.

Wenn zu den Kreuzfahrtzielen nicht der Geirangerfjord gehört, lohnt die Überlandfahrt dorthin. Über Stryn, entlang des Hornindalsvatn erreichen die Gäste Hellesylt (Seite 86). Mit Fährbooten beginnt die Panoramafahrt durch den Geirangerfjord bis in den Ort. Nach einem kurzen Aufenthalt wird die Fahrt zum Dalsnibba fortgesetzt. Vom Gipfel aus fahren die Busse zurück nach Olden.

Olden individuell

Bei einem Spaziergang durch Olden sollten die beiden Holzkirchen besichtigt werden. Auf dem Friedhof steht die alte Kirche (1759) mit Zentralturm. Die neue Kirche (1934) ist in nordischem Stil gebaut, der an die alten Stabkirchen erinnert.

Olden für Radfahrer und Wanderer

Die Lage Oldens in einem von einer einmaligen Bergkulisse geprägten Tal an einer Flussmündung ermöglicht herrliche Rad- und Wandertouren. Interessierte Gäste sollten sich in Richtung des Oldensees halten. Er liegt nur wenige Kilometer von Olden entfernt. Entlang seiner Ufer lassen sich beide Sportarten genießen. Für Radfahrer ist die Strecke zum Briksdalsbreen ideal. Er liegt 22 km entfernt. Der anschließende Aufstieg dauert 30 Minuten. Eine Kombination aus Rad- und Wandertour mit Aufstieg zum Gletscher ist in vier Stunden leicht zu schaffen.

Auch die 12 km lange Tour entlang des Nordfjords von Olden nach Loen und von dort an den Lovatnet ist beeindruckend und empfehlenswert.

Oslo

Oslo mit 850 000 Einwohnern ist flächenmäßig eine der größten Hauptstädte der Welt. Sie wurde 1048 durch König Harald III. gegründet. Ab 1300 war Oslo kurzzeitig Hauptstadt Norwegens. Davon zeugt die Festung Akershus. Danach verlor sie ihre Bedeutung, und es dauerte über 500 Jahre, bis sie erneut die Stadtrechte erhielt. Die zahlreichen Sehenswürdigkeiten machen Oslo zu einem beliebten Kreuzfahrthafen.

Hafen

Der Hafen verfügt über vier Piers unterschiedlicher Länge: Søndre Akershuskai, Vippetangkaia, Revierkaia und Filipstad Pier. Die Liegeplätze nahe der Festung Akershus werden wegen ihrer Nähe zur Innenstadt bevorzugt für Passagierschiffe genutzt. Im Terminal und an der Pier

Das königliche Schloss in Oslo

vor der Festung befinden sich Einkaufsmöglichkeiten und ein Internetzugang sowie eine Touristen-Information. Dei Entfernung zur Innenstadt beträgt 300 m. An den übrigen Anlegestellen werden Shuttlebusse eingesetzt.

Organisierte Ausflüge

Ausflug	Dauer
Stadtrundgang Oslo	3 Std.
Panoramafahrt durch die Hauptstadt	2 Std.
Stadt mit Holmenkollen und Frognerpark (Vigeland-Skulpturen)	3 Std.
Museumsinsel Bygdøy	3,5 Std.

Der Stadtrundgang führt vorbei an der mittelalterlichen Festung Akershus zum Rathaus. Auf dem Platz stehen Skulpturen zeitgenössischer Künstler. Das denkmalgeschützte Nationaltheater (1899) an der Karl Johans gate macht immer wieder durch Inszenierungen der Werke Hendrik Ibsens von sich Reden.

Unweit liegen sehenswerte Gebäude wie die Universität, das Parlament (1866) und der Königspalast (1849) mit seiner berühmten, 100,80 m breiten, klassizistischen Fassade und dem Schlosspark.

Für Gebehinderte wird eine Panoramafahrt durch das Zentrum vorbei an der neuen Oper, den Regierungsgebäuden, der Universität und dem Theater, den Villenvierteln und der Sprungschanze Holmenkollen angeboten. Einziger Fotostopp ist am Frognerpark.

Spannend ist der Besuch an der Holmenkollen-Sprungschanze mit Blick auf Oslo und den Fjord. Das Museum zeigt die 4000-jährige Geschichte des Skis und Skilaufens. Mit dem Fahrstuhl erreichen Besucher den Aussichtsraum und können erahnen, wie hoch der Absprung am Holmenkollen wirklich ist.

Im Frognerpark steht ein Kanon von Skulpturen des Bildhauers Gustav

Die neue Oper in Oslo

Vigeland (1869–1943). Der Monolith, ein 17 m hoher Granitblock, bildet mit 121 Figuren den Mittelpunkt der Anlage. Ein großer Brunnen und eine mit Figuren geschmückte Brücke können in einem Rundgang bestaunt werden.

Auf der Museumshalbinsel Bygdøy liegen die königliche Sommerresidenz und schöne Landvillen. Im Kon-Tiki-Museum stehen die Expeditionen Thor Heyerdahls im Mittelpunkt. Die abenteuerliche Reise von Peru nach Polynesien 1947 in einem Balsafloß oder die Expedition der RA II werden anschaulich erläutert. Die Boote sind im Original zu sehen. Ein zweites Museum zeigt das Polarschiff FRAM, das vom Schiffbauer Colin Archer für die Polarfahrt Fridtjof Nansens 1893–1896 gebaut wurde. Auch Roald Amundsens nutzte die FRAM für seine Südpolexpedition 1910–12. Im Wikingerschiffmuseum werden das GOKSTAD-Schiff, das OSEBERG-Schiff und das TUNE-Schiff

sowie verschiedene Alltagsgegenstände aus dem 9. und 10. Jh. gezeigt.

Das Opernhaus wurde 2008 eröffnet und ist eines der spektakulärsten Gebäude des Landes. Ein Spaziergang auf dem Dach beschließt den Ausflug.

Oslo individuell

Individualreisende können ihren Aufenthalt ergänzen. Lohnend ist die Innenbesichtigung des Rathauses. Der Bau entstand von 1931 bis 1950 mit zwei über 60 m hohen Vierecktürmen und einem Glockenspiel. Der Innenhof besitzt eine astronomische Uhr. Sehenswert ist die zentrale Halle, wo alljährlich die Nobelpreise verliehen werden, der Bankettsaal und zahlreiche moderne Kunstwerke. Auch die Festung Akershus sollte von innen besichtigt werden. Sie wurde von Håkon V. erbaut und nach einem Brand 1527 erneuert. Besonders die Aussicht auf den Hafen und die Stadt ist bemerkenswert.

Im Inneren des Doms zu Oslo

Führungen durch das Parlamentsgebäude »Storting« (das große Thing, 1866) finden im Sommer regelmäßig statt. Ebenso lohnen Rundgänge durch die Stadtteile Kampen, Vålerenga, Rodeløkka und Telthusbakken mit schönen Holzhäusern aus dem 19 Jh.

Der Dom (1694-1699) ist auch die Kirche des Königshauses mit wertvollen Akanthusschnitzereien, Glasmalereien von Emanuel Vigeland und einem Deckengemälde von Hugo Lous Mohr. Oslo besitzt zudem eine Reihe weltbekannter Museen. Dazu gehören das Munch-Museum und die Nationalgalerie.

Oslo für Radfahrer und Wanderer

Das System von Rad- und Wanderwegen in Oslo gehört zu den besten in Nordeuropa. Die Sehenswürdigkeiten in der Innenstadt liegen so nahe beieinander, dass sie bequem auf gut ausgeschilderten Innenstadtrouten zu erreichen sind. Parallel zur Straße verlaufende Radwege, spezielle Ampeln und Verkehrsschilder machen das Fahren einfach.

Wer durch den Wald fahren möchte, kann mit der U-Bahn-Linie 3 vom Zentrum bis zur Station Sognsvann fahren oder mit der Linie 5 bis zur Station Grorud. Die Mitnahme von Fahrrädern in der Bahn ist gestattet (Kinderfahrschein lösen).

Die öffentlichen Stadtfahrräder (blau/weiß) können an über 100 Stationen für 100 Kronen pro Tag gemietet werden.

Unter dem Motto »Grünes Oslo« empfehlen sich in der Hauptstadt die ausgeschilderten Spazierwege. Auch auf ihnen sind die Sehenswürdigkeiten gut zu erreichen. Eine große Anzahl von Parks lädt zum Wandern ein, ebenso ein ausgezeichneter 8 km langer Weg entlang des Flusses Akerselva von Maridalsvannet bis zum Vaterland-Park. Auch können ausgedehnte Wanderungen durch die umliegenden Wälder unternommen werden. Wanderkarten gibt es in den Touristeninformationen der Stadt.

Im Ort Flåm endet die gleichnamige Bergbahn.

Sognefjord

Die bis zu 1000 m hohen Berge locken Besucher aus aller Welt an. Der Sognefjord ist mit 204 km nicht nur der längste, sondern mit 1300 m auch der tiefste Fjord Norwegens. Seine Seitenarme, der Aurlandsfjord, Lusterfjord oder Nærøyfjord – der schmalste Fjord Europas – sind bevorzugte Reiseziele.

Häfen

In den Häfen von Balestrand, Vik, Fjærland und Gudvangen liegen die Schiffe auf Reede, und es wird getendert. Im Hafen von Flåm im Aurlandsfjord befindet sich eine Pier von 110 m Länge. Hier werden Schiffe bis 300 m Länge und einem Tiefgang von bis zu 12 m festgemacht. Liegen mehrere Schiffe im Hafen, muss getendert werden.

Skjolden, am Ende des Lusterfjords, verfügt über eine Pier, an der bis zu 350 m lange Schiffe festmachen können. Der maximale Tiefgang ist 13,5 m.

Organisierte Ausflüge

Der Bau der Flåmbahn begann 1923 und sollte den Sognefjord mit der Außenwelt verbinden. Zunächst wurde Fracht transportiert, seit dem 10. Februar 1941 auch Fahrgäste. Heute buchen rund 700 000 Besucher im Jahr die 20 km lange Fahrt mit einem Höhenunterschied von 867 m. Dabei werden 20 Tunnel passiert. Das Ziel vor der Rückfahrt ist der Bahnhof von Myrdal. Einziger Halt ist am Wasserfall Kjosfossen. Hier erinnern Studierende der norwegischen Ballettschule mit Auftritten als Bergfeen an die alten Legenden rund um die Bergwelt der Fjorde. Auch Überlandfahrten nach Flåm, ausgehend von den verschiedenen Häfen im Fjordsystem, werden angeboten.

Im Rahmen des Ganztagesausflugs warten in Myrdal Reisebusse. Die Tour wird durch den Gravhalsen-Tunnel (5311 m) hinunter ins Raundalen bis nach Voss fortgesetzt. Der Ort ist mehr als tausend Jahre alt, wovon das Olavs-Kreuz in der Ortsmitte zeugt. Sehenswert ist die gotische Vangskyrkja (1277) mit einem steinernen Altar (13. Jh.)

Auch das Folkemuseum in einem historischen Bauernhof (15. Jh.) lohnt den Besuch. Danach geht die Fahrt vorbei am Oppheim See zum Stalheim Hotel auf einer Klippe über dem Nærøytal. Es war 1885 das erste Hotel in der Region. Das heutige

Ausflug / Tour	Dauer	Angebot im Hafen von
Fahrt nach Myrdal mit der Flåms-bahn	4 Std.	Flåm
Flåm, Voss und Stalheim	7 Std.	Flåm
Stabkirche Borgund, Tyin-See und Lærdal	7 Std.	Flåm
Nærøyfjord und Stalheim	4 Std.	Flåm
Stalheim und Undredal	3 Std.	Flåm
Landschafts-fahrt und Berghütte Østerbø	3,5 Std.	Flåm
Wildes Nærøytal mit Tvinde-Wasserfall	3,5 Std.	Flåm
Überland-tour nach Fjærland	6,5 Std.	Flåm
Tvinde-Wasserfall und Zauber-höhlen	3,5 Std.	Flåm
Überland-fahrt nach Flåm	7 Std.	Vik
Sognefjord, Storsvingen und Hopperstad-Stabkirche	3 Std.	Vik
Überland-fahrt nach Balestrand	8 Std.	Fjærland
Bøya-Gletscher und Gletscher-museum	2 Std.	Fjærland
Spaziergang durch Balestrand	2 Std.	Bale-strand
Land-schaftsfahrt und Urnes Stabkirche	3 Std.	Skjolden
Jostedals-breen und Nigards-breen	4, 5 Std.	Skjolden
National-park Jotun-heimen	3 Std.	Skjolden
Überland-fahrt nach Fjærland	10 Std.	Skjolden

Gebäude stammt aus dem Jahr 1960. Die Aussicht ist atemberaubend. Über 13 Serpentinen der Bergstraße Stalheimskleiva (1849), vorbei an den Wasserfällen Stalheimsfossen und Sivlefossen, beginnt die Rückfahrt. Voss und Stalheim sind Teile mehrerer Ausflugstouren in jeweils anderer Zusammenstellung. Dazu gehört eine Bootsfahrt durch den engen Nærøyfjord, der seit 2005 zum Weltnaturerbe zählt. Die schmalste Durchfahrt ist 250 m breit. Im Ort Gudvangen fahren Busse dann hinauf zum Stalheim-Hotel.

Stabkirche Hopperstad am Sognefjord

Weitere Ziele sind der Tvinde-Wasserfall mit einer Fallhöhe von 150 m und der Ort Undredal. Die Stabkirche (ca. 1147) ist die kleinste Skandinaviens. Das Innere ist mit Wandmalereien (17. Jh.) geschmückt. An der Decke sind Engelsdarstellungen interessant.

Die bevorzugte Landschaftsfahrt endet an der Østerbø-Berghütte. Unterwegs sind die Fjordorte Aurland mit der gotischen Kirche (13. Jh.) und der Vassbygda-See interessant. Eine Serpentinenstraße führt in das Laavisdal. Das Stonndalen liegt bereits oberhalb der Baumgrenze und endet auf der Alm an der Berghütte von Østerbø.

Die Tour durch das Lærdal beginnt mit der Fahrt durch einen Tunnel. Er ist mit 24 km der längste Straßentunnel der Welt. Im Tal befindet sich der Sjurhaugfossen, und im weiteren Verlauf lohnt die Stabkirche von Borgund (1150). Sie ist eine der am besten erhaltenen Stabkirchen Norwegens. Zu sehen sind keltische Kreuze und Drachenköpfe auf dem Dach. Der Tyin-See liegt auf 1117 m Höhe in einer kargen Landschaft. Danach geht es stetig bergab zurück zum Ausgangspunkt der Fahrt.

Vik ist der größte Ort in der Gemeinde. Die Rundfahrten beginnen mit dem Besuch der Kirche in Hove (1150), die zu den ältesten Gebäuden des Landes gehört. Von Vik aus sind es nur wenige Minuten bis zur Stabkirche in Hopperstad (ca. 1130). Sie besitzt Pyramidendächer und ein keltisches Kreuz mit einem Wetterhahn auf der Spitze. Säulen bestimmen den dreischiffigen Innenraum. Zu ihren Schätzen gehören der Hochaltar mit Katechismustafel (1621) und ein mit Köpfen verziertes Ziborium über dem Nordaltar.

Der Aussichtspunkt Storsvingen er-laubt einen unvergleichlichen Rundblick über das Fjordtal und die Gebirgslandschaft.

In Vangsnes steht die Bronzestatue des Wikingers Fridtjov den Frøkne (des Tapferen). Kaiser Wilhelm II.

Kaiser Wilhelm II. stiftete die Statue des Wikingers Fridtjov des Tapferen in Vangsnes.

ließ das Denkmal anlässlich seines Besuchs 1913 aufstellen. Vom Fridtjov-Park aus bietet sich ein schöner Ausblick auf den Sognefjord.
Fjærland liegt am Ende des gleichnamigen Fjords, einem Seitenarm des Sognefjords. Der Bøya-Gletscher ist ein Ausläufer des Jostedalsbreen.

Er gehört zu den sich am schnellsten bewegenden Gletschern Norwegens: Das Eis rutscht am Tag 2 m talwärts. Das 1991 eröffnete Gletschermuseum informiert umfassend über die Eisgiganten und vermittelt eindringlich die Vergänglichkeit eines Gletschers.

Legende von Hove

Ein Verbrecher aus der Gemeinde war vor langer Zeit in Hove zum Tode verurteilt worden. Das Urteil lautete, dass der Mann sein Leben retten könne, indem er innerhalb einer Woche eine Steinkirche errichte. Nachgrübelnd, wie dies zu schaffen sei, bot ihm ein Fremder an, die Kirche rechtzeitig und ohne Bezahlung zu bauen, wenn der Verurteilte bis dahin seinen Namen herausfände. Nun überfiel den Verurteilten die blanke Verzweiflung, und er fing an zu weinen. Als er an einem Haus außerhalb des Dorfes vorbeiging, hörte er, wie eine Mutter ihr weinendes Kind zu trösten versuchte. Sie sagte »Mein Kind, beruhige dich! Bald kommt dein Vater Ivar Vinkjell mit Menschenfleisch nach Hause!«
Als der Verbrecher nach kurzer Zeit zur fast fertigen Kirche kam und sah, dass der Fremde bereits die Turmspitze aufsetzte, rief er ihm zu: »Ich finde, dass die Spitze schief ist, Ivar Vinkjell!« Als dieser seinen Namen hörte, fiel er sofort tot vom Dach.

Balestrand liegt 25 km südlich von Fjærland. Überlandfahrten zwischen beiden Häfen werden angeboten. Auch von Skjolden sind Ganztagestouren nach Balestrand oder Fjærland üblich. Die Wiedereinschiffung erfolgt jeweils am Zielort.

Ab Balestrand lohnt ein Fotostopp am imposanten Åsafossen-Wasserfall. Auf der »nationalen Touristenstraße« fahren die Busse über Turtagrø, dem höchsten Punkt der Straße, bis nach Oscarshaugen mit schönem Bergpanorama. Durch das Bøverdalen gelangen die Gäste nach Lom. Hier lohnt der Besuch der Mineralien- und Kristallsammlung im Fossheim Steinzentrum oder der dreischiffigen Stabkirche (12. Jh.) mit wertvoller Innenausstattung (17. Jh.).

Das bis zu 1900 m hohe Stryn-Gebirge am Fuße des Tystigen-Gletschers ist ein bevorzugtes Sommerskigebiet. Danach windet sich die Straße 19 Serpentinen hinab ins Tal. Entlang des Stryn-Sees geht es bis zur Ortschaft Stryn. Ab Olden folgt die Route dem Ufer des Nordfjords mit Ausblicken auf das Utvik-Gebirge bis nach Skei. Nach dem 6,4 km langen Fjærlandstunnel öffnet sich der Blick auf den mächtigen Bøya-Gletscher. Nach dem Besuch des Gletschermuseums erreichen die Busse Fjærland.

Schon Ende des 19. Jh. kamen deutsche Aristokraten nach Balestrand. In der Folge ließen sich Künstler nieder und errichteten eigene Wohnhäuser. Der prominenteste Besucher war Kaiser Wilhelm II. Der Spaziergang führt vom Kai zum Kviknes Hotel. Es ist im Schweizer Stil gehalten und gilt als das größte Holzhaus Norwegens. Der Kaiser war oft zu Gast und genoss die Fjordlandschaft.

Die St. Olav-Kirche vermittelt den Anschein einer alten Stabkirche, wurde aber als anglikanische Kirche Ende des 19. Jh. in Auftrag gegeben. Im Inneren befinden sich Buntglasfenster und ein Altarbild der deutschen Malerin Emma Pastor Normann.

Skjolden liegt an den Ufern des Lusterfjords, dessen spiegelglatte Wasseroberfläche beeindruckt. Im Ort leben 200 Menschen überwiegend vom Tourismus.

Eine Gletscherzunge des Jostedalsbreen befindet sich in der Nähe von Skjolden. Sein Ausläufer, der Nigardsbreen, ist 9,6 km lang und hat eine Gesamtfläche von 45,9 km^2. Die Eismassen haben sich mittlerweile um 2,7 km zurückgezogen. In den 1930er-Jahren begann sich ein Gletschersee zu bilden, der heute 1,5 km lang ist. Entlang seiner Ufer ist die Gletscherzunge zu erreichen.

Die Landschaftsfahrt in den Nationalpark Jotunheimen ist eine Alternative für Gehbehinderte. Die Tour führt mit herrlichen Ausblicken auf den Pass bei Oscarshaugen. Es ist der höchste Gebirgsübergang in Nordeuropa (1430 m) und verbindet Ost- und Westnorwegen. Auch ein Fotostopp am Åsafossen-Wasserfall ist Teil des Ausflugs.

Typische Holzarchitektur im Fjordland

Sognefjord individuell

Die Häfen am Sognefjord und seinen Seitenarmen sind meist nur Ausgangspunkt für die organisierten Ausflüge in die Umgebung. Dennoch kann man einiges auf eigene Faust entdecken.

In der Dorfkirche in Flåm (1667) sind schöne Wandmalereien zu sehen. Das Eisenbahnmuseum unweit der Bahnstation erläutert die schwierige Entstehung der Flåmbahn.

In Vik lohnt sich der Ortskern »Vikoyri« mit schönen Holzhäusern. Am Ortsausgang befindet sich die Stabkirche Hopperstad. Ebenso die Steinkirche von Hove und das Fridtjov-Denkmal in Vangsnes sind gut zu Fuß erreichbar.

Auch Fjærland, Balestrand und Skjolden bieten eigene Sehenswürdigkeiten. Hier ist es ratsam, den Programmen der organisierten Ausflüge zu folgen.

Der Sognefjord für Radfahrer und Wanderer

Die Möglichkeiten, in den Liegehäfen des Sognefjordsystems Rad- und Wandertouren zu planen, sind äußerst vielfältig und bieten für jeden etwas. Alle Touristeninformationen halten umfangreiches Informations- und Kartenmaterial bereit, das teilweise auch vorab aus dem Internet heruntergeladen werden kann. Die Büros bieten Fahrräder zum Ausleihen an und auch geführte Wanderungen. In Flåm empfiehlt sich eine Kombination aus der Fahrt mit der Flåmbahn und einer Wanderung zurück, ausgehend vom Bahnhof in Myrdal. Wanderer sollten die Bahntickets bereits vor der Kreuzfahrt reservieren, denn die Reedereien kaufen große Kontingente für ihre Gäste auf, sodass es immer schwieriger wird, Fahrkarten für die Flåmbahn zu bekommen.

In Skjolden und Fjærland lohnt es sich, einfach mit dem Rad oder zu Fuß immer am Fjord entlang den Ort zu verlassen. Sofort befinden sich die Reisenden in der Bilderbuchlandschaft Westnorwegens. Wander- oder Radtouren, die weiter entfernt beginnen, sind schwer zu organisieren. Taxis sind in den Fjorddörfern selten und, wenn sie vorhanden sind, überteuert. Die oft erheblichen Steigungen und die nicht selten abgelegenen Hochebenen und Täler machen es schwierig, im Rahmen der begrenzten Liegezeit eines Kreuzfahrtschiffes solche Touren zu planen. Das Risiko, nicht rechtzeitig zur Abfahrt wieder an Bord zu sein, ist hoch und vom Gast allein zu tragen.

Stavanger

König Sigurd I. gründete 1125 die Stadt als Bischofssitz. Nach der Reformation geriet Stavanger nahezu in Vergessenheit, bis der industrielle Fischfang im 19. Jh. für einen Aufschwung sorgte. Der Schiffbau und die Fischkonservenindustrie spielten fortan eine bedeutende Rolle. Besonders profitierte Stavanger vom Erdölboom.

Hafen

Im Hafen können gleichzeitig zwei große Schiffe direkt im Stadtzentrum festmachen. Auf der einen Seite befinden sich Geschäfte, Cafés und Restaurants, die andere Seite bietet die Kulisse von Gamle Stavanger.

Im Inneren des Doms zu Stavanger

Organisierte Ausflüge

Ausflug	Dauer
Stadtrundgang Stavanger	2 Std.
Stavanger und Umgebung	2 Std.
Stavanger und der eisenzeitliche Hof Ullandhaug	3 Std.
Kloster Utstein	2,5 Std.

In Alt-Stavanger sind 173 denkmalgeschützte weiße Holzhäuser aus dem 18. und 19. Jh. erhalten. Sie sind in Privatbesitz und liebevoll gepflegt. Ein Rundgang ist eine Reise in vergangene Zeiten. Der Dom (1125) ist die älteste Kathedrale Norwegens und ein Meisterwerk der Gotik. Der Innenraum ist dunkel, und das Mittelschiff ist geprägt von seinem romanischen Ursprung. Sehenswert sind die Kanzel (1658) sowie mehrere Grabmäler und Epitaphe.

In die frühe Geschichte Norwegens begeben sich Besucher am Hafrsfjord. Hier legte Harald Schönhaar bei der Schlacht im Jahr 872 den Grundstein für ein geeintes Norwegen. Daran erinnert das Monument der drei Schwerter im Felsen. Sie symbolisieren den König sowie seine besiegten Gegner. Das Denkmal schuf Fritz Røed, der die Schwerter auch als Symbole für Frieden, Einigkeit und Freiheit sah. Über mehrere Inseln führt der Weg zurück in die Stadt.

Nur 3 km vom Zentrum entfernt liegt der Jernaldergarden in Ullandhaug. An seinem ursprünglichen Standort wurde der eisenzeitliche Hof mit drei Gebäuden rekonstruiert. Nach neuesten Erkenntnissen lebten hier bereits von 350–550 n. Chr. Menschen von der Landwirtschaft.
Der Weg zum Kloster Utstein auf der Insel Mosterøy beginnt mit der Fahrt durch den Rennfast-Tunnel. Er verläuft unter Wasser, ist 5,86 km lang

Kloster Utstein nahe Stavanger

und erreicht eine Tiefe von 223 m. Kloster Utstein ist Norwegens einziges erhaltenes mittelalterliches Kloster. Ursprünglich befand sich an dieser Stelle die Residenz der Wikingerkönige. Vom 13. bis 15. Jh. lebten hier Augustinermönche, die das Kloster nach der Reformation verließen. 1706 übernahm die Familie Garmann das Anwesen, das heute im Besitz einer Stiftung ist und vielfältig genutzt wird.

Stavanger individuell

Ergänzend lohnt es, den Valbergtårnet (Valberg-Turm) zu besichtigen. Er wurde 1850–53 vom dänisch-norwegischen Architekten Christian Heinrich Grosch erbaut und diente als Aussichtsturm für die Feuer- und Nachtwächter der Stadt. Heute befindet sich in ihm ein Museum.

Der Kongsgård ist der königliche Gutshof, welcher früher die Residenz von Königen, Bischöfen und Regionalgouverneuren war. Seit 15 Jahren beherbergt das Gebäude eine Schule.

Lohnend ist auch die Villa Breidablikk von der Reederfamilie Berentsen, die mit wertvollen Möbeln etwas von der Lebensweise des Bürgertums im 19. Jh. vermittelt. Schloss Leedal (1799–1803) ist der Sitz der norwegischen Königsfamilie, wenn sie sich in Stavanger aufhält. Das Archäologische Museum zeigt kultur- und naturhistorische Exponate der letzten 15 000 Jahre. Darunter sind auch Funde aus Rogaland.

Stavanger für Radfahrer und Wanderer

Von der Innenstadt leitet die Beschilderung die Radfahrer vorbei am Møsvatnet in Richtung der beiden Seen Store Stokkavatnet und Hålandsvatnet. Die Tour rund um den Hafrsfjord beginnt nach dem Verlassen der Stadt mit der Überquerung der Hafrsfjordbrücke und führt über Tananger, Haga, Sola und Sverd i fjell in rund 42 km zurück nach Stavanger. Viele weitere Radtouren sind möglich, auch auf dem Nordseeküstenradweg. Fahrräder verleiht die Touristeninformation.

Der Svartisen-Gletscher am Holandsfjord

Neben den vielen ausgeschilderten Wandermöglichkeiten in der Stadt und ihrer Umgebung lohnt es sich für Wanderer, zunächst mit dem öffentlichen Bus nach Jæren zu fahren. Die Busse verkehren alle 30 Minuten. Die Fahrtzeit beträgt noch einmal 30 Minuten. In Jæren befindet sich eines der schönsten Wandergebiete in der Nähe Stavangers. Die Wanderungen führen entlang der Strände und der Küste, sind einfach, aber landschaftlich sehr schön. Flaches Gelände macht diese Touren auch für ungeübte Teilnehmer möglich.

Svartisen (Engabreen)

Ein Erlebnis ist die Fahrt durch den Holandsfjord. An seinem Ende liegt der Engabreen, eine Zunge des Svartisen-Gletschers, der mit Dutzenden von Ausläufern das zweitgrößte Gletschersystem Norwegens bildet. Auch wenn die Eismassen stark zurückgehen und sich bereits ein Schmelzwassersee gebildet hat, gehört die Aussicht zu den schönsten in Norwegen. Der Aufstieg ist für Besucher, die körperlich fit sind, ein intensives Naturerlebnis.

Hafen

Kreuzfahrtschiffe liegen auf Reede am Ende des Holandsfjords. Es wird getendert.

Svartisen individuell

An der Tenderstation beginnt ein Fußweg, der in 35 Min. entlang des Schmelzwassersees an den Fuß des Gletscherbetts führt. Ein kostenpflichtiger Shuttleservice stellt sicher, dass auch Gehbehinderte etwas näher an das Naturschauspiel gelangen können. Wann der Bus fährt, kann beim Fahrer erfragt werden. Es ist ein anstrengender Aufstieg von rund 1 Std. nötig, um an die gigantischen Eisformationen und tiefblauen Grotten zu gelangen. Der Weg ist im unteren Teil durch ein aus Stahlpfeilern und losen Seilen konstruiertes Geländer markiert. Im oberen Teil

ist der Wanderer auf sich gestellt und der richtige Weg nur schwer zu finden. Das letzte Stück ist steil, bevor sich eine weite Ebene öffnet, in der die Gletscherzunge beginnt.
Die Aussichten auf die Landschaft und den Gletschersee sind ebenso spektakulär wie die Möglichkeit, Gletschereis einmal selbst berühren zu können.

Tromsø

> **LESETIPP**
>
> Aus der Fülle der vorzüglichen norwegischen Krimis eine Empfehlung: In Tromsø wird die attraktive Studentin Beate Morberg tot ausgefunden … Jorun Thørring: *Glaspuppen*, übersetzt von Sigrid Engeler, Deutscher Taschenbuch Verlag, München 2008.

Die Universitätsstadt Tromsø (72 000 Einwohner) ist das Tor zur Arktis, Sitz des Arktischen Rates und ein Zentrum der Forschung. Die Stadt Tromsø, die auf mehreren Inseln und dem Festland liegt, ist modern, besaß aber schon im 13. Jh. eine Kirche. 1794 erhielt sie Stadtrechte, wurde 1803 Bischofsitz und erlebte einen nachhaltigen Aufschwung. Tromsø war Flottenstützpunkt der Deutschen im Zweiten Weltkrieg, wurde zum Zentrum der Polarforschung und Ausgangspunkt für Polarexpeditionen.

Hafen

Der Hafen verfügt über neun Liegeplätze. Zwei befinden sich in Prostneset im Stadtzentrum, sechs im Breivika, 4 km nördlich des Zentrums. Ein weiterer Liegeplatz entsteht auf der Offshore-Basis Grøtsund, 12 km nördlich von Tromsø. Lediglich die beiden ersten Anleger sind durch ihre Nähe zur Innenstadt für Kreuzfahrtschiffe interessant. In Breivika wird ein Shuttlebus angeboten. Vom Liegeplatz in Prostneset sind es nur wenige Gehminuten ins Stadtzentrum.

Die Eismeerkathedrale in Tromsø

Die helle Sommernacht nördlich von Tromsø

Organisierte Ausflüge

Ausflug	Dauer
Stadtbesichtigung Tromsø und Seilbahnfahrt	3,5 Std.
Panoramafahrt durch Tromsø	2 Std.
Tromsø und das Polaria-Center	3,5 Std.
Huskies und das Polarmuseum	3,5 Std.

Die Stadtrundfahrt beginnt mit dem Besuch des Tromsø Museums (1872), das heute die umfassendste Sammlung zur samischen Kultur, der Archäologie und der Flora- und Fauna Nordnorwegens bietet. Auf dem Weg zur Kathedrale passieren die Busse den Prestvannet-See und überqueren die 1036 m lange Tromsø-Brücke.

Die Eismeerkathedrale (Tromsdalen kirke, 1965) erinnert an einen Eisberg. Jan Inge Hovig war der Architekt. Farbiges Licht ist Thema des Innenraums, der mit 140 m² das größte Dallglasfenster Norwegens hat.

Die Fahrt mit der Fjellheisen-Seilbahn auf den Hausberg Storsteinen (420 m) eröffnet einen grandiosen Blick auf die Stadt und das umliegende arktische Bergpanorama. Die Panoramafahrt führt vorbei an der Statue von Roald Amundsen, den historischen Holzbauten wie der Domkirche, dem futuristischen Rathaus und der Bibliothek und schließlich über die Brücke zur Eismeerkathedrale.

Die Arktis kann man im 1998 eröffneten Erlebniszentrum Polaria hautnah erleben. Die preisgekrönte Architektur erinnert an Eisschollen, die im Polarmeer schwimmen. Die Nachbildung einer Eisbärenhöhle ist ebenso zu sehen wie lebende Robben und Aquarien mit der Flora und Fauna des Nordmeers.

Auf der Insel Kvaløya, in unberührter Natur und nur 30 Min. entfernt, liegt Tromsøs Wildniszentrum mit etwa 200 Alaska-Huskies. Besucher

werden mit den Tieren vertraut gemacht und sehen einen Informationsfilm. Ebenso wird über Expeditionen in Grönland und Alaska informiert. Dieser Ausflug ist auch für Kinder empfehlenswert.

Tromsø individuell

Mit 2566,3 km² ist das Stadtgebiet sehr groß. Hinzu kommen rasche Wetterwechsel und oft schnell fallende Temperaturen. Wer dennoch individuell unterwegs sein möchte, sollte seinen Besuch gut planen. Öffentliche Busse fahren regelmäßig, die Fahrzeiten sind, je nach Fahrtziel, aber recht lang. Taxis sind nur schwer zu finden und sehr teuer.

Zu Fuß ist lediglich das Stadtzentrum zu besichtigen. Hier ist die nördlichste Domkirche der Welt interessant. Es ist die einzige Kathedrale des Landes, die vollständig aus Holz gebaut ist. Der Dom wurde von Christian Heinrich Grosch 1861 vollendet.

Am Erling-Bangsunds-Platz lohnt ein Blick in die katholische Kirche Unserer Lieben Frau mit einer sehr alten Madonnenfigur. Sehenswert sind auch der Musikpavillon und das alte Theaterhaus.

Wer die Eismeerkathedrale zu Fuß erreichen will, kann die Tromsø-Brücke überqueren. Die Kirche liegt nahe der Brücke. Danach kann mit einem öffentlichen Bus die Talstation der Fjellheisen-Seilbahn erreicht werden, um auf den Storsteinen hinaufzufahren. Hier muss, vor allem in der Hochsaison, mit langen Wartezeiten gerechnet werden. Die Museen der Stadt sind ebenfalls mit öffentlichen Verkehrsmitteln erreichbar. Busse fahren unweit des Liegeplatzes im Stadtzentrum ab.

Tromsø für Radfahrer und Wanderer

Von Tromsø aus können sportliche Kreuzfahrtgäste ein Stück der Radroute kennenlernen, die von Tromsø nach Olderdalen führt. Die Tour beginnt zunächst mit einer Fahrt auf der Europastraße 8 in Richtung Südosten. Dann folgt man der Beschilderung auf den Solstrandvegen. 13 km fährt der Radfahrer nun parallel zur Europastraße. Am Beginn des Ramfjordes zweigt links von der E 8 ein Sträßchen (Innlandsvegen) nach Sandvika ab. Mit Erreichen des Ramfjords bei Sandvika geht es wieder auf die Europastraße für 3 km. In der Ortschaft Fagernes gibt es eine Spur für Radfahrer.

In Fagernes biegt man auf den RV 91 ins Breivikeidet ab. Das Breivikeidet ist ein 24 km langes Tal, das den Ramfjord im Westen mit dem Ullsfjord im Osten verbindet. Der höchste Punkt des Tals liegt kurz hinter Fagernes, dann geht es sogleich 100 Höhenmeter steil bergan und anschließend im Wesentlichen gemäßigt abwärts bis zur Ortschaft Breivik am Ullsfjord.

Das Breivikeidet wird über eine Länge von 24 km links und rechts von etwa 1000 m emporragenden Bergen begrenzt, es ist ein typisches Trogtal. Es macht großen Spaß, hier entlangzuradeln, vor allem wegen des fast stetigen Gefälles.

In der Ortschaft Breivik endet die Straße, und man muss eine Fähre über den weiten Ullsfjord nach Svensby nehmen. Spätestens hier sollte für Kreuzfahrer der Wendepunkt sein; je nach Liegezeit des

Der Dom in Trondheim

Schiffes im Hafen kann die Tour auch verkürzt werden.

Aufgrund der großen Entfernungen in Tromsø ist für Wanderer das Stadtgebiet zu empfehlen. Viele Straßen liegen direkt am Sund, und man genießt herrliche Aussichten in klarer arktischer Luft. Auch der Fußweg über die Tromsø-Brücke zur Eismeerkathedrale und dann weiter bis zur Talstation der Seilbahn ist empfehlenswert. Auf dem Storsteinen finden sich gut beschilderte Wanderwege in die umliegende Bergwelt.

Trondheim

Trondheim (176 000 Einwohner) ist die drittgrößte Stadt Norwegens. König Olav I. Tryggvason gründete 997 die erste Siedlung, die 200 Jahre Hauptstadt des Landes war. 1152 wurde die Stadt Bischofssitz, bekam die erste Schule Norwegens und entwickelte sich zu einem führenden Handelszentrum. Bis heute ist Trondheim Kultur- und Universitätsstadt.

Hafen

Das moderne Passagierterminal und die Pier befinden sich nicht direkt im Stadtzentrum. Wenn die Reederei einen Shuttlebus-Service anbietet, ist er für die Passagiere kostenlos, ansonsten wird eine Gebühr erhoben. Mit den Buslinien 19 und 46 gelangen Besucher ebenfalls in die Nähe des Doms.

Organisierte Ausflüge

Ausflug	Dauer
Stadtbesichtigung Trondheim	3 Std.
Trondheim und Ringve Museum	3 Std.
Trondheim und Volksmuseum Trøndelag	3 Std.
Bergbaugeschichte und Schmalspurbahn	4,5 Std.

Historische Lagerhäuser in der Innenstadt von Trondheim

Trondheim wird die »Wiege des norwegischen Reiches« genannt. Dafür steht der Nidarosdom. Er soll über dem Grab von Olav Tryggvason stehen und war die Krönungskirche. Die gotische Fassade ist beeindruckend. Im Innenraum mit seinem Kreuzrippengewölbe sind die Kanzel, das Taufbecken sowie Glasmalereien von Gabriel Kielland sehenswert. Der Dom besitzt zwei Orgeln, darunter die Barockorgel (1741) von Joachim Wagner.

Direkt neben dem Dom öffnet sich der Platz vor der Bischofsresidenz, wo alljährlich ein Mittelaltermarkt stattfindet. Die alte Stadtbrücke Gamle Bybrua (1862) führt über den Fluss Nidelva in den Stadtteil Bakklandet mit schönen Holzhäusern (19. Jh.). Von der Brücke sind die Speicherhäuser auf Stelzen zu sehen. Je nach Ausschreibung ist das Ringve Museum oder das Folk Museum Trøndelag Teil des Ausflugs. Das Ringve-Museum in einem alten Herrenhaus im Stadtteil Lade zeigt 2000 Musikinstrumente aus aller Welt, die der Pianist Christian Anker Bachke Anfang des 20. Jh. erwarb und die berühmten Musikern gehörten. Der frühere Kuhstall ist zu einem Konzertsaal ausgebaut worden.

Das Trøndelag-Museum ist eine Sammlung von 80 historischen Gebäuden, darunter einige Trønderhäuser, wie sie durch den gleichnamigen Volksstamm früher genutzt wurden. Viele der Häuser verfügen über eine interessante Inneneinrichtung.

Der Ausflug in die Bergbaugeschichte führt am Fluss Gaular entlang durch die Agrarregion Melhus. Løkken Werk ist eine Gemeinde mit über 300-jähriger Bergbaugeschichte. Die Gruben wurden von 1654 bis 1987 betrieben. Während der Führung lässt sich erahnen, wie schwierig der Abbau des Erzes war. In der Thamshavn-Bahn, einem Museumszug der ältesten Wechselstromeisenbahn der Welt, geht es in Waggons von 1908 talabwärts nach Fannrem und im Anschluss mit dem Bus entlang des Orksalsfjords.

Trondheim individuell

Der Rundgang sollte am Stiftsgården (1774–1778) in der Munkegata beginnen. Die ehrgeizige Witwe eines Geheimrats erbaute das größte Holzpalais in Skandinavien, das 1800 der Staat kaufte. Heute ist das Gebäude die königliche Residenz der Stadt. In Sichtweite, auf dem Marktplatz, steht die Säule mit der Statue des Stadtgründers Olav Tryggvason.

Die Festung Kristiansten oberhalb der Stadt wurde nach dem Brand von 1681 erbaut. Sie verhinderte die Eroberung durch die Schweden 1718. Die Aussicht auf die Umgebung und Trondheim lohnt den Aufstieg.

Empfehlenswert ist auch eine Bootsfahrt zur vorgelagerten Insel Munkholmen. Wo im Mittelalter ein mächtiges Kloster stand, befindet sich heute eine Festung (1600). Sie war Staatsgefängnis, Seefestung und diente zur Verteidigung gegen deutsche Truppen im Zweiten Weltkrieg.

Trondheim für Radfahrer und Wanderer

Die Stadt kann bequem zu Fuß erkundet werden, und für Radfahrer existiert der erste Fahrradlift der Welt. Er beginnt am Fluss unweit der Brücke Gamle Bybro und endet bei der Festung Kristiansen. Eine spezielle Liftkarte ist in der Touristeninformation erhältlich.

Lohnend ist Bakklandet, ein Bezirk mit Holzhäusern und vielen Läden und Cafés.

Die Bymarka ist ein Waldgebiet westlich von Trondheim mit gut ausgeschilderten Rad- und Wanderwegen. Das Areal umfasst 80 km² und reicht bis an den Trondheimfjord heran.

Der Wanderweg Ladestien führt 14 km entlang der Küste der Halbinsel Lade. Auf dem Nidelvstien empfiehlt sich eine Wanderung am Ufer des Flusses Nidelv.

Vesterålen

Die Inselgruppe der Vesterålen ist vor allem durch ihre abwechslungsreiche Landschaft ideal für Radfahrer und Wanderer. Versterålen gilt als Paradies für Angler, und es gibt die Möglichkeit, Wale zu beobachten. Geologisch gehören die Inseln mit einem Alter von bis zu 2,7 Milliarden Jahren zu den ältesten Gesteinen der Erde.

Häfen

Auf den Vesterålen werden die Häfen der Hauptstadt Sortland auf der Insel Langøya, Stokmarnes auf Hadseløya sowie Harstad auf Hinnøya von Kreuzfahrtschiffen besucht.

In der Hauptstadt Sortland befindet sich die Pier nur 200 m vom Stadtzentrum entfernt vor der markanten Sortlandbrücke. In Stockmarnes liegen die Schiffe auf Reede und müssen tendern.

Die Pier in Harstad befindet sich vom Stadtzentrum nur wenige Gehminuten entfernt.

Organisierte Ausflüge

In Sortland leben rund 5000 Menschen vom Fischfang, der Landwirtschaft und von Dienstleistungen. Schön ist der Blick auf die 961 m

Ausflug	Dauer
»Blaue Stadt« und Hurtigruten-Museum	2,5 Std.
Landschaftsfahrt Nykvåg Vogelfelsen und Fischerdorf Hovden	4,5 Std.
Vesterålen-Rundfahrt	7 Std.
Walsafari	4 Std.
Hinnøya, Norwegens größte Insel – Harstad und Kvæfjord	4 Std.

lange und 30 m hohe Sortland Brücke. Sie verbindet Langøya mit Hinnøya und dem Festland. Seit 1999 die ersten Häuser im Rahmen eines Kunstprojekts blau gestrichen wurden, ist Sortland als »blaue Stadt« bekannt. Die Farbe steht für den Wechsel der Formen in Raum und Zeit.
Während des Rundgangs ist die Havsøye-Skulptur (1992) des isländischen Künstlers Sigurður Gudmunðsson und der alte Kirchturm

(14. Jh.) zu sehen. Die weiße Kirche nahe dem Hafen wurde 1901 gebaut. Die Fahrt führt nun nach Stockmarknes, wo Hurtigruten gegründet wurde. Hier befindet sich das Hurtigruten-Museum, in dem alle Bereiche des legendären Reedereibetriebs gezeigt werden. Ein Teil des Museums ist MS FINNMARKEN, ein gut erhaltenes Dampfschiff aus dem Jahr 1956.

Die Vesterålen sind bekannt für die vielen Seevögel wie Seeadler, Papageientaucher, Trottellummen und Seemöwen. Der Vogelfelsen von Nykvåg erlaubt einen Blick auf die Brutkolonien aus nächster Nähe. Der 3,5 km lange, mit runden Steinen übersäte Strand zwischen Nykvåg und Hovden zählt zu den schönsten seiner Art im Nordland. Der Ausflug endet mit einem Rundgang durch den Fischerort Hovden vor der Kulisse des Malnesberget. Hier sind riesige Trockenfischgestelle zu sehen, die wegen ihrer Form auch

Trockenfischgestelle in Nordnorwegen

Brütende Möwen auf den Vesterålen

Fischkathedralen genannt werden. Die große Vesterålen-Rundfahrt ist ein Ganztagesausflug über Alsvåg, Nyksund, Stø bis hin zur Langenes Kirche. Alsvåg am Gavlefjorden lebt heute noch vom Fischfang und der Weiterverarbeitung der Fänge. Nach kurzem Aufenthalt fahren die Busse in die Geisterstadt Nyksund. Zu Beginn des 20. Jh. war sie mit ihren auf Stelzen gebauten Häusern ein geschäftiger Ort. Mit der Modernisierung des Fischfangs wanderte ihre Bevölkerung ab, bis sie um 1970 zur Geisterstadt wurde. In den letzten 20 Jahren kamen junge Europäer und restaurierten die pittoresken Häuser. Ein paar Einwohner leben hier noch das ganze Jahr über.

Stø ist Ausgangspunkt zahlreicher Walsafaris und einer der wichtigsten Orte des Tourismus der Vesterålen. Sehenswert sind eine Lachszucht sowie die Fischfabrik, die im Winter tägliche Fänge verarbeitet.

Die weiß gestrichene Holzkirche von Langenes (16. Jh.) besitzt die typischen Stufengiebel und einen kleinen Zentralturm. Es lohnt sich ein kurzer Aufstieg auf die umliegenden Hügel mit herrlicher Aussicht.

In einem besonders nahrungsreichen Meeresgebiet nordwestlich von Andenes gibt es Pottwale. In Norwegen existiert kein anderer Ort, wo der Rand des Kontinentalschelfs so nahe an der Küste liegt wie hier. Damit ist fast zu 100 Prozent garantiert, dass auch auf kurzen Ausflügen tatsächlich Wale zu sehen sind. Die Walsafaris beginnen in Sortland. Mit Katamaranen werden die Reisenden zu den Hotspots gebracht.

In Harstad beginnt die Rundfahrt mit der Besichtigung der spätromanischen Kirche auf der Halbinsel Trondenes (1434). Sehenswert sind die Flügelaltäre. Einer dieser Altäre stammt aus einer Lübecker Werkstatt. Die Orgel besitzt ein Rokokogehäuse. Die Adolfkanone (Kaliber: 40 cm) aus dem Zweiten Weltkrieg

Die »Geisterstadt« Nyksund auf den Vesterålen

ist die größte landbasierte Kanone der Welt. Sie kann ebenso wie die Bunkeranlagen besichtigt werden.

Bei Gåra lohnt der Grabhügel aus der Eisenzeit. Von hier aus hat man einen herrlichen Blick über die Kvæfjord-Alpen.

In Borkenes wird die Gartenbauschule besucht. Sie vermittelt Wissenswertes über eine Vielzahl von Blumen, Büschen und Gemüsesorten, die zu Versuchszwecken kultiviert werden.

Das Museum von Hemmestad zeigt die traditionellen Nordlandboote, in denen früher Trockenfisch transportiert wurde. Entlang des Fjords geht es zurück nach Harstad.

Vesterålen individuell

Auf den Inseln ist es wegen der einsamen Lage und der doch recht weiten Entfernungen ratsam, sich einem der organisierten Ausflüge anzuschließen, um keine Zeit zu verlieren. Wer dennoch alleine unterwegs sein möchte, sollte vor der Reise einen Mietwagen bestellen, den es nur in Sortland gibt.

Vesterålen für Radfahrer und Wanderer

Für Radfahrer und Wanderer bieten sich auf den Vesterålen einzigartige Möglichkeiten. Radfahrer können von Sortland aus ihrer Kondition und dem Zeitlimit angepasste Touren unternehmen. Die reizvollsten führen von Sortland nach Kalfjord (54,3 km), von Sortland nach Bø (Hovden) (69 km) oder von Sortland nach Stø (56 km).

Ein Muss für jeden Wanderer auf den Vesterålen ist die Königinnenroute (Dronningruta). Der Wanderweg ist gut beschildert, 15 km lang und führt nach Nyksund und Stø. Dieser Wanderweg erfordert eine gute Kondition und auch etwas Erfahrung, denn immer wieder gibt es beträchtliche Steigungen. Die Route gehört aber zu den schönsten des Nordlands. Es sollten 5–8 Stunden Zeit zur Verfügung stehen.

Der Samarin-Gletscher im Hornsund auf Spitzbergen

Spitzbergen (Svalbard)

Der arktische Archipel bildet den nördlichen Abschluss des Europäischen Nordmeers und ist ein beliebtes Kreuzfahrtziel. Das Landschaftsbild reicht von einer eisfreien, stark zerklüfteten Küste bis hin zu schneebedeckten Bergen und Gletschern, die bis weit in die Fjorde hineinreichen. In den Sommermonaten sind die Fjorde oft eisfrei und – bedingt durch den Golfstrom – Fahrten bis zur Eisgrenze nördlich von 84° nördlicher Breite möglich.

Bestimmungen für den Besuch

In Spitzbergen regiert der »Sysselmann«. Er ist der Vertreter Norwegens auf dem Archipel und für die Einhaltung der Gesetze verantwortlich. Schiffe dürfen nur mit vorgeschriebenem Treibstoff fahren, und die Reedereien werden für die etwaige Missachtung der Landgangregeln verantwortlich gemacht. Über Verhaltensregeln sind die Gäste vorab durch Spezialisten an Bord zu informieren. Eine bewaffnete Eisbärenwache ist Vorschrift, wenn Passagiere an Land gehen. In Spitzbergen ist das Verlassen der Ortschaften nur unter Mitnahme einer großkalibrigen Waffe erlaubt, weswegen individuelle Landgänge von den Reedereien nicht gestattet werden. Ausnahmen sind Ny-Ålesund und die Hauptstadt Longyearbyen.

Besuchsprogramme

Welche Fjorde, Passagen und Landgänge möglich sind, entscheidet die Wetterlage. In Zusammenarbeit mit dem Sysselmann und den Spezialisten an Bord, arbeitet der Kapitän eine Fahrtroute aus. Änderungen können kurzfristig erfolgen, weswegen alle Ausschreibungen in den Katalogen nur Anhaltspunkte sind.

Nicht selten fahren Schiffe in den Hornsund an der Südwestküste der Hauptinsel. Er reicht 45 km weit ins Land und ist maximal 11 km breit. Seine nahezu alpine Gebirgskulisse und der pittoreske Samarin-Gletscher in einem Seitenarm des Sunds

Das nördlichste Postamt der Welt in Ny Ålesund

sind ein Höhepunkt jeder Spitzbergenreise.

Auf dem Weg Richtung Norden liegt an der Südküste des Kongsfjords Ny-Ålesund, eine der nördlichsten Siedlungen der Welt. Sie ist ein Zentrum der Polarforschung: Zahlreiche Länder unterhalten eigene Forschungsstationen oder Projekte. Für Deutschland ist das Alfred-Wegener-Institut seit 1991 präsent. Als Ny-Ålesund 1916 gegründet wurde, stand der Abbau von Steinkohle im Vordergrund. Mit Roald Amundsens Versuch eines Polarfluges wurde 1925 das wissenschaftliche Interesse in den Mittelpunkt gerückt.

Auch wenn der Besuch von Kreuzfahrtschiffen in Ny-Ålesund nicht

Das »Lloyd Hotel« im Möllerfjord

Die Eisgrenze bei 80° nördlicher Breite

besonders gern gesehen wird, können Schiffe im Sommer für kurze Zeit festmachen und einen individuellen Landgang ermöglichen. Sehenswert ist der nostalgische Zug mit Lokomotive, der an die Zeit der Kohlegewinnung erinnert, die nördlichste Bar der Welt, das Museum und das Haus, in dem Roald Amundsen wohnte. Vor dem nördlichsten Postamt der Welt ist Schlangestehen die Regel. Hier gibt es Briefmarken und den begehrten Poststempel.

TIPP

Das Erreichen der Eisgrenze ist für die meisten Touristen das eigentliche Ziel ihrer Nordlandreise. Durch den Klimawandel zieht sich diese imaginäre Linie im Sommer jedoch immer weiter Richtung Norden zurück und ist im Rahmen einer Kreuzfahrt kaum noch zu erreichen. Den meisten Schiffen muss mittlerweile die Annäherung an ein größeres Treibeisfeld genügen. Das Erlebnis für die Passagiere ist aber nicht weniger intensiv.

Hinter dem Krossfjord befindet sich der Möllerfjord. Sein Bergpanorama gehört zu den schönsten auf Spitzbergen. Auf einer Landzunge steht die als »Lloyd-Hotel« bekannt gewordene Schutzhütte, die von Kreuzfahrtschiffen regelmäßig mit Vorräten ausgestattet wird. Im Inneren finden sich viele Erinnerungsstücke aus der Seefahrtgeschichte des 20. Jh. Ein Abstecher lohnt auch in den benachbarten Lilliehöökbreen mit seinem imposanten Gletscher.

Der am meisten besuchte Fjord Spitzbergens ist der Magdalenefjord mit dem gewaltigen Waggonway-Gletscher an seinem Ende. Der Fjord ist 9 km lang und bis zu 5 km breit.

Im Süden befindet sich eine flache Halbinsel. Hier landete 1596 der Seefahrer Willem Barents und befand sich die Walfangstation Trinity Havn. Seit dem 18. Jh. gibt es zahlreiche Gräber von Walfängern. Weiter Richtung Norden liegt die Insel Moffen mit einer Walrosskolonie. Schiffe dürfen sich ihr nur mit gebührendem Abstand nähern.

Auch der Woodfjord wird angesteuert. Er ist mit 64 km der viertlängste Fjord von Spitzbergen. Er besitzt zwei Abzweigungen, den Liefdefjord und den Bockfjord mit langgestreckten Gletschern.

Longyearbyen, der Verwaltungssitz der Inselgruppe, wurde 1906 von John Munroe Longyear gegründet. Auch hier sieht man die Spuren der Bergbaugeschichte an den Ufern des Adventfjords. Der Tourismus ist seit der Eröffnung des Flughafens 1975 deutlich angewachsen. Es gibt Hotels, Cafés, Geschäfte, eine Kirche und ein recht reges Leben in den Straßen.

Bevor Spitzbergen außer Sicht kommt, unternehmen einige Schiffe einen Abstecher in die russische Bergbausiedlung Barentsburg im Isfjord. Knapp 500 Menschen leben hier. Früher wurden bei kurzen Landgängen im Auditorium russische Tanzdarbietungen für die Besucher präsentiert.

Der Waggonway-Gletscher im Magdalenefjord

Sightseeing beim Einlaufen

Hafen	Revierfahrt	Sehenswertes
Deutschland		
Helgoland	Keine	Berühmte Inselansicht mit »Langer Anna« und Düne
Sylt	Keine	Inselküste mit weithin sichtbaren Stränden
Dänemark		
Aalborg	Limfjord	Fahrt durch den Fjord mit Blick auf Landschaft und Stadt
Århus	Keine	Anfahrt auf die Stadt
Esbjerg	Keine	
Skagen	Keine	Annäherung an die Küste Nordjütlands
Färöer Inseln		
Tórshavn/Streymoy	Keine	Aussichten auf die Küste der Inseln Stremoy (links) und Nólsoy (rechts)
Klaksvík/Borðoy	Kurze Fjordfahrt	Blick auf die Berge Myrkjanoyrarfjall (689 m), Háafjall (647 m), Hálgafelli (503 m), Klakkur (414 m)
Runavik/Eysturoy	Fjord Skálafjørður	Auf beiden Seiten eiszeitliche Steilwände und kleine Dörfer
Vestmanhaven/Streymoy	Keine	
Tvøroyri/Suðuroy	Kurze Fahrt durch den Trongisvágsfjørður	Fjordlandschaft mit Ortsbild und weithin sichtbarer Kirche

Hafen	Revierfahrt	Sehenswertes
Grönland		
Brattahlíð	Ausgedehnte Fjordfahrt durch den Søndre Strømfjord	Einzigartiges Bergpanorama. Mitunter Eisberge
Aasiaat (Egedesminde)	Diskobucht	Einblicke in die weite Diskobucht. Teilweise Eisberge
Ilulissat (Jakobshavn)	Diskobucht	Weltweit berühmte Landschaft mit zahlreichen Eisbergen
Qeqertarsuaq (Godhavn)	Keine	Bergpanorama der Diskoinsel
Saqqaq	Fahrt zwischen Diskoinsel und Festland	Auf beiden Seiten eisbedeckte Berge. Steilküste
Qasigiannguit (Christianshåb)	Keine	Landschaftsfahrt in der Diskobucht
Igaliku	Ausgedehnte Fjordfahrt durch den Søndre Strømfjord	Einzigartiges Bergpanorama. Mitunter Eisberge
Ikerassuaq (Prins Christian Sund)	Mehrstündige Sundpassage	Weltberühmte Passage mit Gletschern und Eisbergen
Kangerlussuaq (Søndre Strømfjord)	Ausgedehnte Fjordfahrt	Einzigartiges Bergpanorama. Mitunter Eisberge
Kangertittivaq (Scoresby Sund)	Scoresby Sund Passage	Längster und größter Fjord der Welt mit atemberaubenden Aussichten
Maniitsoq (Sukkertoppen)	Kurze Fahrt in eine Bucht	Ortsansicht und Berge bis 1000 m
Nanortalik	Keine	Passage mehrerer Inseln. Oft Eisberge
Narsarsuaq	Ausgedehnte Fjordfahrt durch den Søndre Strømfjord	Einzigartiges Bergpanorama. Mitunter Eisberge
Nuuk (Godthåb)	Kurze Fjordfahrt	Pittoreske Stadtansicht der Altstadt
Paamiut (Frederikshåb)	Passage zahlreicher Inseln	Mit Tenderboot Fahrt in den sehr flachen Fjord

Hafen	Revierfahrt	Sehenswertes
Qaqortoq (Julianehåb)	Ausgedehnte Fjordfahrt	Sehr schöne Stadtansicht. Viele große Eisberge
Uummannaq/ Quaanaaq (Thule)	Fahrt durch den Uummannaq-Fjord	Berge bis 1100 m Höhe und eine malerische Siedlung
Sisimiut (Holsteinsborg)	Kurze Fjordfahrt	Malerische Stadtansicht
Tasiilaq (Ammassalik)	Fjordfahrt	Besonders reizvolles Gebirgspanorama der Ostküste
Upernavik	Passage vieler kleiner Inseln	Zahlreiche große Eisberge aus dem Upernavik-Eisfjordes
Uunartoq	Keine	Flache Insellandschaft mit Tundravegetation

Island		
Akureyri	Fahrt durch den langgestreckten Eyjafjörður	Schönes Bergpanorama mit grünen Hängen und schneebedeckten Gipfeln
Arnarstapi	Keine	Landschaft der Halbinsel Snæfellsnes
Djúpivogur	Keine	Bergige Küste der Suður-Múlasýsla
Eskifjörður	Fjordfahrt durch den Eskifjörður	Reizvolle Berglandschaft, relativ schroff
Grundarfjörður	Keine	Landschaft der Halbinsel Snæfellsnes mit dem Helgrindurmassiv
Ísafjörður	Kurze Fjordeinfahrt mit Tafelbergen	Aussicht auf Eyrarfjall (bis 731 m) und den Kirkjubólsfjall (bis 832 m)
Reykjavík	Langgestreckte Fahrt in die Rauchbucht	Bergpanorama und Sicht auf die Hauptstadt
Seyðisfjörður	Fahrt durch den Seyðisfjörður	Bergpanorama auf beiden Seiten
Siglufjörður	Keine	Landschaft der Halbinsel Tröllaskagi

Hafen	Revierfahrt	Sehenswertes
Vestmannaeyjar (Westmännerinseln)	Keine	Ausblicke auf teilweise noch aktive Vulkankrater und die Hauptstadt Heimaey

Norwegen		
Ålesund	Fjordfahrt	Aussicht auf den Hausberg Aksla und die Jugendstilstadt
Alta	Fahrt durch den Altafjord	Fjordlandschaft und Stadtansicht
Åndalsnes	Fahrt durch Isfjord, einem Arm des Romsdalsfjord	Schöne im Sommer grüne bewachsene Berge
Arendal	Keine	Sehr schöne Stadt einfahrt
Bäreninsel	Keine	Schroffe arktische Küstenlandschaft
Bergen	Fahrt durch den Byfjord	Sehr schöne Hafeneinfahrt mit Altstadtblick
Bodø	Fahrt durch den Vestfjord	Unterschiedliche und sehr reizvolle Landschaften
Flekkefjord	Enge Fjordeinfahrt	Schöne Agrarlandschaft und malerische Orts ansicht
Frederikstad	Fahrt durch den Oslofjord	Grüne Agrarlandschaft und sanfte Hügel
Geiranger/Hellesylt	Mehrere Fjordfahrten	Weltberühmte Passage des Geirangerfjords
Hammerfest	Keine	Interessante Stadtansicht
Hardangerfjord	Mehrstündige Fjordpassage	Herrliche Gärten, Obstbaumplantagen und grüne Berghänge
Haugesund	Fahrt durch den Karmsund	Hügelige Landschaft mit Stadtansicht
Jan Mayen	Keine	Inselpanorama mit Beerenberg (2177 m)

Hafen	Revierfahrt	Sehenswertes
Kristiansand	Keine	Ausgedehnte Stadtansicht
Kristiansund	Keine	Ausgedehnte Stadtansicht
Lofoten	Wechselnde Inselküsten	Eiszeitliche Landschaften, rasch wechselnde Panoramas
Lyngseidet	Fahrt durch den Lyngenfjord	Alpine Landschaft, schöne Wasserspiegelungen
Lysefjord	Fahrt durch den Lysefjord	Helle kahl geschorene Felsen, fast senkrecht aufragend
Magerøya	Keine	Arktische Küstenlandschaft, meist schnee bedeckt
Mandal	Keine	Schöne Inselküsten, Stadtansicht und Blick auf den Sjøsanden-Strand
Mo i Rana	Fahrt durch den Ranfjord	Grüne Berghänge und Argarlandschaft
Molde	Fahrt durch den Moldefjord	Sehenswerte Anfahrt auf die Stadt mit Domkirche
Narvik	Ausgedehnte Fahrt durch den Ofotfjord	Schnell wechselnde arktische Landschaften
Olden	Fahrt durch den Oldenfjord	Pittoreske Berglandschaften, schönes Ortsbild
Oslo	Fahrt durch den Oslofjord	Sehenswerte Stadteinfahrt mit Festung Akershus
Sognefjord	Mehrstündige Fjordfahrt	Berühmte Fjordlandschaften
Stavanger	Fjordfahrt	Malerische Stadteinfahrt mit vielen Inseln und Gamle Stavanger auf der rechten Seite

Hafen	Revierfahrt	Sehenswertes
Svartisen	Fjordfahrt	Einzigartiger Ausblick auf den Svartisen-Gletscher
Tromsø	Ausgedehnte Fjord-fahrt	Sehr schöne Stadtein-fahrt mit Eismeerkathe-drale, der Stadtbrücke und dem Hausberg Storsteinen
Trondheim	Fjordfahrt durch den Trondheimfjord	Schöne Stadtansicht rechts mit Festungsinsel Munkolmen links
Vesterålen	Passage mehrerer Inseln	Schöne Stadtansicht der »Blauen Stadt« mit Brücke und Kirche
Spitzbergen (Svalbard)	Zahlreiche Fjord fahrten	Nahezu jede Anfahrt auf der arktischen Insel ist ein Eis- und Landschafts-erlebnis.

Lesetipps

Brú, Heðin: *Vater und Sohn unterwegs.* Guggolz Verlag, Berlin 2015.

Hamsun, Knut: *Hunger.* List, Berlin 2010.

Høeg, Peter: *Fräulein Smillas Gespür für Schnee.* rororo 2004.

Kim, Anna: *Invasionen des Privaten.* Literaturverlag Droschl, Graz 2011.

Knoller, Rasso/Schaefer, Barbara: *Inseln des Nordens. Von Island bis Spitzbergen.* Picus Verlag, Wien 2009.

Raddatz, Fritz J.: *Mein Sylt.* mare Verlag, Hamburg 2006.

Spreckelsen, Tilman: *Der Mordbrand von Örnolfsdalur und andere Isländer-Sagas.* Galiani, Berlin 2011.

Thørring, Jorun: *Glaspuppen.* Deutscher Taschenbuch Verlag, München 2008

Nützliche Internetadressen

Viele Informationen, wie zum Beispiel Öffnungszeiten oder Preise, sind schnell veraltet und damit unbrauchbar, weswegen in diesem Buch bewusst auf diese Art von Angaben verzichtet wurde. Stattdessen finden Sie hier die wichtigsten Webadressen zu den Zielen im Nordland, die Sie bei der Reiseplanung unterstützen und unter denen Sie detaillierte und jederzeit aktuelle Ortsinformationen finden. Auch auf nützliche Apps für Smartphones und Tablets wird hingewiesen.

Deutschland

Die offizielle Website der deutschen Nordseeinsel Helgoland
www.helgoland.de

App für das iPhone und Android-Smartphones mit zusätzlichen Informationen zu Helgoland
www.helgoland.de/service/helgoland-app.html

Die offizielle Website der Insel Sylt und allen wichtigen Ortschaften
www.sylt.de

iSylt – Faszination Sylt – Die App für das iPhone und Android- Smartphones

Dänemark

Die Website der Stadt Aalborg mit interessanten Daten und Fakten sowie dem Veranstaltungskalender
www.visitaalborg.de/de/aalborg/tourist

Die Website der Stadt Århus mit interessanten Daten und Fakten sowie dem Veranstaltungskalender
www.visitaarhus.de/de/daenemark/tourist-in-aarhus

Die Website der Gemeinde Esbjerg
www.esbjergkommune.dk/titelseite.aspx?areaid=6

Die App von Visitdenmark für das iPhone und Android-Smartphones
www.visitdenmark.de/de/daenemark/die-app-von-visitdenmark-fuer-apple-und-android

Färöer Inseln

Viele nützliche Informationen zu den Färöer Inseln
www.visitfaroeislands.com/de

Download von Broschüren und Infomaterial zu den Inseln
www.visitfaroeislands.com/de/be-inspired/broschueren

Grönland

Umfassende Informationen über Grönland zur Reisevorbereitung
www.greenland.com/de

Island

Informationen zu Island und Island-reisen in englischer Sprache
www.iceland.is

Download einer umfangreichen Broschüre über Island (auch auf Deutsch)
www.visiticeland.com/plan-your-trip/brochure-requests
http://issuu.com/islandsstofa/docs/islande-german-mai-2015

Die englischsprachige Webseite der Stadt Akureyri
www.visitakureyri.is/en

Die englischsprachige Webseite der Hauptstadt Reykjavik
www.visitreykjavik.is

Norwegen

Die offizielle Webseite über Norwe-gen mit Informationen und aktuel-len Nachrichten aus dem Land
www.norwegen.no

Viele Informationen zur praktischen Reisevorbereitung
www.visitnorway.com/de

Die offizielle Webseite zu den Fjorden und Westnorwegen
www.fjordnorway.com/de

Die Webseite der Stadt Bergen
www.visitbergen.com/de

Die Webseite der Stadt Trondheim in englischer Sprache mit der Mög-lichkeit zum Download der Trond-heim-App für das Smartphone
www.trondheim.no/engelsk

Spitzbergen

Viele hilfreiche Daten und Fakten zu Spitzbergen und der Arktis
www.spitzbergen.de

Ortsregister

Bitte beachten Sie, dass sich die Gegebenheiten vor Ort zum Zeitpunkt Ihrer Reise geändert haben können, und berücksichtigen Sie daher auch etwaige Informationen Ihres Reiseveranstalters. Die Autoren und der Verlag übernehmen für Fehler sowie für unvollständige oder nicht mehr aktuelle Angaben im Buch keine Gewährleistung oder Haftung. Wir hoffen, dass Ihnen dieses Buch viel Freude bereitet. Falls Sie Anregungen haben sollten, was wir in Zukunft noch besser machen können, schreiben Sie uns bitte an reiselektorat@delius-klasing.de. Korrekturen veröffentlichen wir im Interesse aller Leser unter www.delius-klasing.de auf der jeweiligen Produktseite.

Bibliografische Information der Deutschen Nationalbibliothek
Die Deutsche Nationalbibliothek verzeichnet diese Publikation
in der Deutschen Nationalbibliografie; detaillierte bibliografische
Daten sind im Internet über http://dnb.dnb.de abrufbar.

1. Auflage
ISBN 978-3-667-10436-6
© Edition Maritim im Verlag Delius Klasing & Co. KG, Bielefeld

Lektorat: Anja Ross/Christine Siedle
Titelmotive: MS Deutschland vor den »Sieben Schwestern« im Geirangerfjord, Norwegen (oben); Eisberg in der Diskobucht, Grönland (unten)
Umschlagmotive: MS Deutschland vor den »Sieben Schwestern« im Geirangerfjord, Norwegen (Vorderseite oben); Eisberg in der Diskobucht, Grönland (Vorderseite unten); Kirche im Freilichtmuseum Laufas, Island (Rückseite links); Fluss Skjálfandafljót, Island (Rückseite rechts)
Fotos (inkl. Titelfotos): Peter Jurgilewitsch
Karte: Planstelle Jens Rademacher, Hamburg
Umschlaggestaltung: Buchholz.Graphiker, Hamburg
Layout: Gabriele Engel
Lithografie: Mohn Media
Druck: Kunst- und Werbedruck, Bad Oeynhausen
Printed in Germany 2016

Delius Klasing Verlag, Siekerwall 21, D - 33602 Bielefeld
Tel.: 0521/559-0, Fax: 0521/559-115
E-Mail: info@delius-klasing.de
www.delius-klasing.de

Peter Jurgilewitsch / Heiner Boehncke
Kreuzfahrten Westliches Mittelmeer
Mit allen Häfen, mit Ausflügen und Insidertipps für den Landgang
ISBN 978-3-89225-703-5

Eine Kreuzfahrt durch das westliche Mittelmeer ist eine Traumreise zu den sonnigsten Küsten und den schönsten Städten Europas. Unzählige Naturschauspiele, aber auch beeindruckende Städte und quirlige, pulsierende Metropolen werden angelaufen. Zwischen Ajaccio und Algier, Malaga und Messina, liegen Welten voller faszinierender Urlaubsziele.
Die Fülle sagenhafter Kulturschätze wird hier von Peter Jurgilewitsch, seit vielen Jahren Kreuzfahrtdirektor, aufgezeigt. Es werden sämtliche im Rahmen einer Kreuzfahrt angelaufenen und interessanten Häfen des westlichen Mittelmeeres vorgestellt, inklusive Ausflugstipps für geführte und Individualtouren.
Dazu Literaturtipps von Heiner Boehncke.

Erhältlich im Buch- und Fachhandel oder unter www.delius-klasing.de

DELIUS KLASING